地中海世界の中世史

小林功/馬場多聞

|編著|

ミネルヴァ書房

はじめに

　本書は，およそ6～16世紀の地中海とその周辺部の歴史に特化したものである。これまでにも地中海世界の歴史に関するさまざまな文献が日本語で出版されているが，いずれも中世史には薄く，また，専門的に過ぎるきらいがあった。その点，本書は，世界史を学びはじめた高校生や大学生，そして地中海の歴史に触れてみたい人に向けた，取っつきやすさを意識した入門書となる。もっとも，私たちが生きる現在とのかかわりを説明したり，あるいはこの世界で暮らしていくうえでの教養を提示したりするのはもちろんであるが，中世の地中海世界という1つの世界へ沈潜して歴史を味わうためのガイドブックとなることを目指してもいる。

　従来しばしば見られたキリスト教世界とイスラーム世界という二項対立や現在の国家の枠組みを強調して地中海世界を考えることを，本書では意図していない。可能な限り地中海世界全体の中世史を描くことを試みつつ，わかりやすさを考慮した結果，中世という時代を前半と後半に，さらに地域を東地中海と西地中海に分けて記述した。また，16世紀以降に地中海の覇者となるオスマン帝国と，地中海と紅海のつながりについて，それぞれ章を設け，地中海とその周辺部をも含めた地中海世界の様子を想像できるようにした。執筆陣は，気鋭の歴史研究者であり，入門書といえども最新の研究成果を盛り込むことを意識した。各章末には，興味を持った読者が各自で学習を進めることができるよう日本語や英語で書かれたものを参考文献として優先して掲載している。各章の最後に付したコラムについても，合わせて味わっていただきたい。

　以下，各章の内容を簡単に概観しておく。

　序章では，地中海の歴史とそれに対するわれわれの認識を概説している。日本における中世の地中海世界の理解が古代ギリシア・ローマ時代の歴史の理解

と比べると限定的なものになっており，中世の十字軍やレコンキスタをキリスト教世界とイスラーム世界の対立のなかで考えるなど，1つの全体としての理解が難しくなっている。以上の問題意識を前提として，続く各章が展開する。

第1章と第2章では，中世前半の地中海世界を取り上げる。第1章では，それまで比較的安定していた東地中海に変化が生じる6世紀を起点とし，ササン朝ペルシアの衰退やイスラーム勢力の侵攻を経験する世界において，ビザンツ帝国とその支配域における社会構造，そして東地中海の交易状況が変容していく様子が描かれる。第2章では，ローマ帝国の崩壊後に成立した諸王朝の興亡やイスラーム勢力の地中海への進出，島嶼部の状況の説明を通して，10世紀末に至るまでの地中海中西部の状況が説明される。

第3章と第4章では，中世後期の地中海世界を取り上げる。第3章では，ビザンツ帝国やイスラーム勢力，ヴェネツィアの支配を受けることとなったクレタ島の9〜16世紀の描写を通して，中世後期の東地中海における政治的変動と人々の移動の様子を解き明かす。続く第4章では，11〜15世紀の西地中海を割拠するキリスト教諸国やイスラーム系諸王朝の状況を説明する。イベリア半島でキリスト教勢力によるレコンキスタ，またイタリアでルネサンスへつながる都市群の自立が生じたのは，まさにこの地域と時代であった。

第5章と第6章，そして終章では，中世の地中海世界を広く俯瞰すべく，前章までとは別の視点から地中海に迫っている。第5章では，オスマン帝国に焦点を置く。1453年にコンスタンティノープルを征服して以降，黒海や地中海へ進出したオスマン帝国は，従来言われていたような「陸の帝国」であると同時に「海の帝国」であり，1540年代以降には地中海は「オスマン帝国の海」になっていく。第6章では，地中海からエジプトを経て紅海へ至るルートと行き交った商品について12-13世紀に書かれたメッカ巡礼記とアデン港課税品目録をもとに説明し，地中海がエジプトや紅海，インド洋とつながり続けていたことを示す。そして終章において，地中海を1つの世界とみなす歴史観を生み出したフェルナン・ブローデルとその著作である『地中海』の説明をもって，本書を締めている。

　各章は完全に独立している一方で，ほかの章と相互に関連する内容も含んでいる。そのため，関心を持った章から読みはじめてもいいし，あるいは地中海世界という考え方について説明した終章に先に目を通してもいいだろう。しかし，最終的にはすべての章を読み進め，個別の小さな歴史へ近接したり，あるいはそれらを鳥瞰的にとらえたりして，中世の地中海世界に想いを馳せていただければ幸いである。

　本書の刊行に際しては，ミネルヴァ書房の中川勇士氏のお世話になった。ここに記して厚くお礼申し上げる。

　　2020年12月

　　　　　　　　　　　　　　　　　　　　　　　　　　　　　編　　者

地中海世界の中世史

目　次

はじめに

┌─ コラム ─────────────────────────┐

└──────────────────────────────┘

地中海とその周辺部

本地図には，本書で言及される主要な都市名や地域名を記載している。そのため，さまざまな時期の名称・呼称が混在しており，現在の名称とも異なっている場合があることに注意されたい。

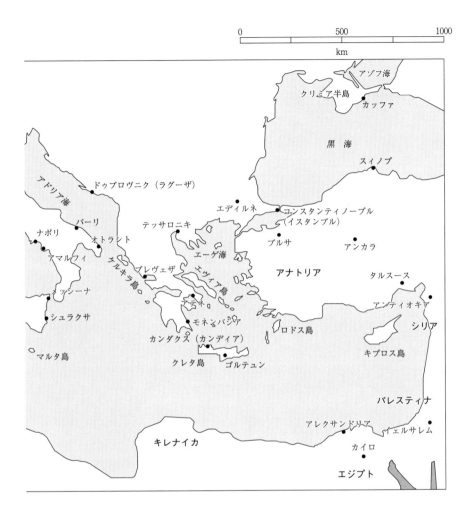

アゾフ海

クリミア半島
カッファ

黒 海

スィノプ

ドゥブロヴニク（ラグーザ）

アドリア海

エディルネ

コンスタンティノープル
（イスタンブル）

バーリ

テッサロニキ

ブルサ

アンカラ

ナポリ

オトラント

アマルフィ

ケルキラ島

プレヴェザ

エーゲ海

アナトリア

タルスース

メッシーナ

エヴィア島

シュラクサ

アテネ

モネンバシア

アンティオキア

シリア

ロドス島

カンダクス（カンディア）

キプロス島

マルタ島

クレタ島

ゴルテュン

パレスティナ

キレナイカ

アレクサンドリア

イェルサレム

カイロ

エジプト

序　章

地中海世界の中世を語り，学ぶこととは

ダマスクスのウマイヤ・モスクのミナレット
旧市街のハミーディーヤ市場の喧騒を抜けると，ウマイヤ・
モスクが眼前に現れる。モスク前の広場では，多くの鳩が飛
び交っている。ミナレットの形状はキリスト教会の鐘楼を模
したものと言われており，地中海世界の歴史の展開を現在に
伝える。

7世紀にアラビア半島で誕生したイスラームは，またたく間に地中海のほとり，シリア・パレスティナやエジプトに進出し，預言者ムハンマドが没して100年も経たないうちに，地中海の西端にまで到達した。

　それまでキリスト教徒が多数を占めていたこれらの地域では，改宗してムスリム（イスラーム教徒）となっていく人びとが徐々に増え，現在ではシリア・パレスティナでは住民の圧倒的多数がムスリムとなり，キリスト教の一派であるコプト教会の勢力が根強く残るエジプトでも，キリスト教徒の数は15世紀頃までに少数派に転落した（辻 2016）。また，11世紀以降トルコ人の侵入が進展した小アジア半島でも次第にムスリムの数が増え，オスマン帝国がビザンツ帝国の首都コンスタンティノープルを征服した15世紀以降には，バルカン半島にもイスラームが広がっていった。一方で，イスラームへの改宗が一時かなり進展したイベリア半島では，11世紀以降本格化したレコンキスタによってキリスト教徒が反撃に転じ，15世紀末の最後のムスリム王朝の消滅，そしてその後のスペイン王権による政策などによって，ムスリムはイベリア半島から追われることになった。

　このように書くと，イスラームの誕生以来，ムスリムとキリスト教徒は長いあいだずっと，対立を続けていたように思われるかもしれない。しかし，それは必ずしも正しくはない。シリアのダマスクスに建つ壮麗なウマイヤ・モスクなど，初期イスラームの建築物にもビザンツ帝国などのキリスト教美術の影響が見られる（羽田 1994：51-67）ことや，イスラーム世界でアリストテレスなどの古代ギリシアの学問に関する研究が盛んにおこなわれたこと，また反対にイスラーム世界での学問の成果が中世西ヨーロッパにおける学問に大きな影響を与えたことなど，文化的・学術的に相互に影響を与えあっていた事例は数えきれないほどある。また，ヴェネツィアやジェノヴァなどのイタリア諸都市は海上交易に乗りだすことによって大きく繁栄するが，交易の主要な目的地となったのが，イスラーム支配下のシリア・パレスティナやエジプトであった。本書で何回か触れられるヴェネツィアのサン・マルコ教会と聖マルコの遺骸をめぐるエピソードは，キリスト教地域とイスラーム地域の交流をよく示すもので

ある。そしてこのようなよく知られた事例だけでなく，同じ地域にムスリムと
キリスト教徒が共存しているといった例も，各地で数多くあったはずである。

　現在ではムスリムもキリスト教徒もともに世界中に信者が存在しており（も
ちろん日本にも），ムスリムとキリスト教徒が共存，交流，あるいは対立してい
る地域も世界中に広がっている。しかし7〜8世紀，この両者が最初に出会っ
たのはアラビア半島からシリア・パレスティナにかけての地域，すなわち地中
海の東のほとりの地域であった。そしてその後も長らく，ムスリムとキリスト
教徒がさまざまな形で出会い，戦い，交わっていたのも地中海周辺地域であっ
た。このような状況は基本的には，15世紀以降にポルトガルやスペインなどが
大西洋やインド洋に進出していくいわゆる「大航海時代」，そして16世紀にオ
スマン帝国が勢力を拡大して地中海が「オスマン帝国の海」となり，さらに紅
海やインド洋に進出していく（第5章参照）まで続く。この時期以降，ムガル
帝国支配下のインドなど，イスラームが広く浸透していたインド洋周辺地域，
あるいはサハラ以南のアフリカにもキリスト教徒の勢力が進出するようになっ
ていった。その結果，ムスリムとキリスト教徒が出会い，交わる場所は地中海
周辺地域だけでなく世界各地に拡大していく。

　イスラームが誕生してから，「大航海時代」あるいはオスマン帝国の勢力拡
大までの時代の大半は，一般に「中世」と呼ばれる時代に含まれる。したがっ
て，現在まで続くムスリムとキリスト教徒の結びつきの最初の，そしてもっと
も主要な「場」となったのが，中世の地中海だったということができる。言い
かえるなら地中海周辺地域にとっての「中世」とは，地中海でムスリムとキリ
スト教徒が出会い，戦い，そして交わった時代だった。それゆえ，中世の地中
海周辺地域の歴史を学ぶことは，世界史を知り，学ぶうえできわめて大きな意
味を持つことである。

　しかし，地中海世界の中世史について，どれだけのことが知られているのだ
ろうか？

＊　　＊　　＊

地中海は，歴史の古い海である。古生代から新生代古第三紀に存在していた海洋，テチス海の名残ともされる地中海は，中新世メッシニアン期の約597万年前〜約533万年前に孤立して塩湖化し，海水の多くが蒸発した時期（メッシニアン期塩分危機）を別にすると（黒田他 2014），ジブラルタル海峡のみを通じて外海（大西洋）と連絡する内海として，現在まで存在している。

　地中海の南側には，人類が出現・進化したアフリカ大陸が存在することもあり，地中海周辺部には100万年以上前から原人が進出して，その後はネアンデルタール人などがヨーロッパや北アフリカ，そして西アジアに広く居住するようになった。そして現在のわたしたちにつながる現生人類（ホモ・サピエンス）は，2019年の論文によると（Harvati et al. 2019）早くも約21万年前に，地中海の北側のギリシア地域に住んでいたという。この集団は一旦は姿を消したようであるが，現生人類は遅くとも5万年前からはアフリカ大陸の外へ急速に拡散していった。地中海周辺部でもネアンデルタール人が姿を消していき，現生人類に取って代わられていく。地中海ははるかな昔から，人類の活動の舞台となっていたのである。

　地中海は，現代の人類にとって不可欠な営みである農耕や牧畜にとっても，発祥の地の1つとなっていた。例えば麦の栽培は約1万年前に，地中海の東側のレヴァント地方で開始された。またそれから若干遅れた時期に，おなじくレヴァント地方からメソポタミアにかけての地域で，羊やヤギの家畜化が進んだという（谷 2010：41-49）。

　そして人類は，遅くとも旧石器時代の終わりまでには，地中海に漕ぎだすようになっていた。例えばキプロス島では，約1万2500年前の遺跡が発見されている。そして新石器時代に入ると，人類の生きていた痕跡が格段に増加し，麦類や動物も持ち込んで，居住に適した環境を徐々に形成していくようになっていく（西秋 2012：175-176）。もちろんこのような活動は，レヴァント地域やキプロス島だけでおこなわれていたわけではない。地中海周辺各地で人類の活動が活発になっていき，そしてそれが古代エジプトやレヴァント地域での文明の発展，さらにいわゆるヘレニズム諸国やローマ帝国の繁栄につながっていく。

地中海をルートとする交易や移動もまた，活発になっていった。フェニキア人やギリシア人らによる交易や植民活動については，知っている人も多いだろう。

　歴史を学ぶ，あるいは歴史に関心を持つ多くの人びとにとって，地中海での人びとの活動，そして地中海それ自体にもっとも強い印象を受けるのは（あるいは大学受験のためなどで多くのことを学習することを要求されるのは），まずはこの時代，古代であろう。地中海東部では，ピラミッドやアマルナ文化などが強いイメージを残す古代エジプト，エジプトとも戦ったヒッタイト，クレタ島で花開いたミノア文明，アテネやスパルタなどの数多くのポリスが栄えた古代ギリシア，エジプトや小アジアにまで勢力を伸ばしてきたペルシア帝国，そしてそのペルシア帝国を呑みこみ，ギリシア地域でも覇を唱えたアレクサンドロス大王の大帝国と，その後継者となったヘレニズムの諸王国などがすぐに思い浮かぶ。地中海の中西部ではこのような「ビッグネーム」は少ないが，フェニキア人の植民によって成立したカルタゴや，南イタリアや南フランスなどにギリシア人などの植民活動によって成立した植民市，そして何より，地中海周辺地域を統一し，地中海を「我らの海」と呼ぶにいたった大帝国ローマが成立した。また，ヨーロッパの各地に広く居住していたケルト人のことも忘れることはできない。

　地中海世界のほぼ全域をローマ帝国が統合し，そしてそれ以降地中海周辺地域の統合に成功した国家・勢力が出現しなかったこともあってか，わが国では地中海は古代の文明や諸国家（特にローマ帝国）との結びつきが強く意識される傾向にあり（戸田・澤田 2018），「地中海世界」とは「古代地中海世界」の意味で使用されることも多い。例えば日本語版の Wikipedia でも「地中海世界」が立項されているが（2020年6月時点），そこでの説明はローマ帝国の分裂までで終わっている。さらに冒頭では「（地中海世界は）とりわけ古代から中世初期にかけては一つの独自な文化圏を形成していた」と述べられ，古代の地中海周辺部が独自の世界であることが強調されている（なお，日本語版から英語版などの他言語版へのリンクも張られているが，他言語の項目は「地中海世界」ではなく「地中海地域の歴史」であり，古代から現代までの通史で構成されていることも興味

深い）。現代の社会において Wikipedia が持つ影響力の大きさを考えると，日本では「地中海世界」＝「古代地中海世界」という概念がいっそう強くなっているのかもしれない。

　もちろん日本でも，地中海周辺地域に関する関心が古代にのみ向けられているわけではない。ローマ帝国による地中海周辺地域全体の支配が崩壊した後の時期についても，ヴェネツィアやジェノヴァなどのイタリア諸都市の活動は多くの人びとの関心を惹きつけているし，7世紀からのイスラームの勃興，あるいはイベリア半島におけるレコンキスタ，そして十字軍など，人類の歴史にとっても非常に大きな意味を持つ事件がいくつも起きている。

　しかしそこでは，十字軍やレコンキスタに代表されるようにムスリムとキリスト教徒の対立，という視点が前提として存在する。現実にムスリムとキリスト教徒は7世紀のイスラームの誕生以来，しばしば戦いを繰り返してきたのであるから，対立を強く意識するこのような視点が生まれるのは当然であり，このような見方を完全に否定してしまうのも建設的とはいえないのだが，このような視点に対しての再考を促すフェルナン・ブローデルの議論（終章参照）なども意識しながら，幅広い視野から学んでいく，あるいは研究していく姿勢は欠かせない。少なくとも対立を重視する視点は，地中海周辺地域全体を1つのまとまりとして意識することをどうしても邪魔してしまう。

　また，イスラームの誕生以降については，地中海周辺地域の歴史についてイスラーム研究者とヨーロッパ史研究者とのあいだで研究が分断されてしまい，いずれかの視点にかたよった研究・分析がおこなわれていることも問題である。そしてこのような状況は，ローマ帝国崩壊以降，特にイスラームの誕生以降の地中海周辺地域を1つのまとまりと意識して叙述する書物の少なさにも反映されている。もちろんまったくないわけでなく，参考文献にあげているような優れた書物もあるのだが，数多くの書物が長年にわたって咲き誇っている古代と比べると，その差は大きい。

　まして歴史や地中海地域に関心を新たに持つようになった人びとや，勉強を始めたばかりの初学者にも配慮している書物となると，その数はさらに少なく

なる。イスラーム世界あるいはキリスト教世界のいずれかにかたよることなく，広い視野で地中海周辺地域の歴史を概観することによって，中世の地中海周辺地域の持つ重要性やおもしろさを多くの人びとに明快に示し，伝えていく必要がある。わたしたちが本書の出版を決意した理由の1つはこの点にある。

＊　＊　＊

　中世の地中海周辺地域の持つ重要性や意義を伝えるため，わたしたちがもう1つ意識したことがある。それは，地中海に浮かぶ島々（島嶼部）にフォーカスをあてることである。地中海周辺地域の歴史について語るのであるから，当然ながらわたしたちは本書で，地中海という「海」を常に意識していく必要がある。しかしその一方で，わたしたちが本書で語っていくのは，地中海周辺地域に住む，あるいはやってくる人びとの歴史である。そして基本的には人間は陸上で生活する存在であるから，陸のことについて語らないわけにはいかない。だがともすると，陸のことについて語ろうとすると，ローマ帝国やオスマン帝国に代表される，地中海周辺地域で大きな領土を支配した国家の歴史を語ることになりがちである。もちろんそれはおおいに意味のあることであるし，本書でも繰り返して，こうした国家の状況について触れることになる。しかしながら，地中海を舞台とする歴史を語っていく以上，地中海という「海」それ自体を強く意識し，「海」を舞台として移動し，生活し，交流していた人びとの歴史を語りたい。

　中世に，地中海という「海」を舞台として生活し，交流していた人びとというと，ヴェネツィアをはじめとするイタリア諸都市の人びとがまず想起される。特にヴェネツィアは，潟（ラグーナ）の上に人工島を築き上げ，地中海に乗りだしていった人びとであり，まさに地中海という「海」を舞台とし，「海」で生きた人びとの代表である。しかし「海」で生きた人びとは，当然ながら地中海周辺地域には他にも数多くいた。資料の少なさゆえ，そうした人びとについてはわからないことも多いのだが，こうした人びとの生活や歴史について語ることをあきらめることはできない。

地中海には，最大の面積を持つシチリア島をはじめとして，多くの島が存在している。主要な島々が地中海の北半部に集中していることもあって，こうした島嶼部の大半はキリスト教徒による支配を受けた期間が長かった。しかしクレタ島やシチリア島，バレアレス諸島のように，比較的長期間ムスリムが支配した島もあり，キプロス島やサルデーニャ島もムスリムの影響を強く受けている。さらにこうした島々は地中海交易の重要な中継地点を構成しており，ムスリムとキリスト教徒が交わる場でもあった。

　しかしながら，地中海の島嶼部について大きな関心がよせられることはあまりない。シチリア島だけは，12世紀に成立したシチリア王国や，13世紀にシチリア王かつ神聖ローマ皇帝であったフリードリヒ2世時代のように強い関心が寄せられている時代もある（第4章参照）。だが，12〜13世紀以外のシチリア島の状況について，どれほどのことが知られているだろうか？シチリア島以外の島々に関しては，一般的な関心はさらに小さくなるだろう。中世だけでなく，古代から近現代までを含めて考えてみてもある程度知られているのは，古代ならば先に述べたクレタ島のミノア文明（および，シチリア島におけるギリシア植民市），近現代ならばサルデーニャ王国（ただし王国の中心はイタリア北西部のピエモンテ地方）とシチリア島のマフィア，そして近年のキプロス紛争といった，きわめて限られたトピックスだろう。

　たしかに地中海の島嶼部は，（シチリア島を別にすると）世界史上の大きな事件や文化などの舞台になることがほとんどなかった。しかしこのような島々にも人びとが生活し，地中海を通じて他の島々や大陸部と結びついていた。先ほど書いたように本書では，地中海という「海」それ自体を強く意識し，「海」を舞台として移動し，生活し，交流していた人びとの歴史を語りたい。そのためには，あまり脚光のあたることのない島々についても目配りをし，その歴史を叙述していくことが欠かせない。もちろん本書は複数の研究者によって執筆されているので，執筆者によって地中海周辺地域に対する考え方，捉え方も異なり，その結果として各章ごとに島嶼部に対するまなざしも異なっている。だがそれは，あえて統一すべきものではないだろう。「海」，そして島々に対する

さまざまな視点，研究視角の現われであると思っていただければ幸いである。

＊　　＊　　＊

　近年では海や，海をとりまく地域，あるいはそうした地域の相互の関係性などに着目する観点から，「海域」「海域史」が論じられる（桃木 2008）ことも多い（終章参照）。本書も，そういった方向性を共有している書物の1つである。また地中海は，文字通り大陸に囲まれた「中の海」であるという地理的な特徴から，1つの閉じた海域として見てしまいたくなる。

　しかしもちろん，事実は異なる。地中海は，地中海をとりまく大陸はもちろんのこと，隣接する海とも密接な連関を持っていた。まず西方で地中海とジブラルタル海峡を通じてつながる大西洋が，「大航海時代」まではキリスト教徒が大西洋へ（ヨーロッパ周辺部以外では）本格的な進出を果たしていなかったこともあり，本書ではあまり大きく扱われない。ただし，北欧を故郷とするヴァイキング（ノルマン人）が大西洋にも進出し，一部は地中海にも進出してきていること，北海・バルト海地域と地中海を結ぶ海上交通が存在していることなど，決して無視できるわけではないことは強調しておきたい。また同じく地中海と狭い海峡部（ボスポラス海峡〜マルマラ海〜ダーダネルス海峡）を通じてつながる黒海も，黒海北岸からつながるロシア平原，あるいは中央アジアやコーカサスとの交流・交易の中継点として無視できない重みを持っていた。ビザンツ帝国の首都であるコンスタンティノープルにヴェネツィアやジェノヴァが進出した理由の一端は黒海との結びつきを求めてのことであり（第3章参照），やがてオスマン帝国も黒海の支配をめざすことになるだろう（第5章参照）。

　一方東方では，地中海はスエズ地峡やアラビア半島西部（ヒジャーズ地方）などを通じて紅海と容易に連絡できた。そしてその紅海は，インド洋に繋がる。紅海・インド洋と地中海は，非常に古い時期から密接につながっていた。ローマ帝国時代に書かれた『エリュトゥラー海航海記』からもわかるように，地中海周辺地域に住んでいた人びともインドや東アフリカなど，インド洋周辺の各地についての知識を持ち，交易なども盛んにおこなわれていた。このような状

況は本書で扱う時期でも変わらない。むしろ，イスラームの出現によって北アフリカからアラビア半島，そしてインド北西部にいたる地域がイスラームの支配する場所となり，そして東南アジアや東アフリカ，さらには中国にまでムスリムが住むようになった中世には，地中海とインド洋との関係性はさらに密接になったともいえる。ムスリムとキリスト教徒の出会い，結びつきという本書の大きなテーマにとっても，紅海を含むインド洋海域との関係性は無視することの絶対にできない大きな論点である。したがって本書では，地中海と紅海・インド洋との関係性についても論じることで（第6章参照），その重要性についても強調したいと考えている。

　本書ではこのようないくつかの視点から中世の地中海，地中海周辺地域に住む人びと，そして地中海周辺地域にやってくる人びとの歴史について，最新の研究成果にもとづいてわかりやすく，そして多様な観点から説明していくことを目的としている。

＊　　＊　　＊

　地中海は小さな海である。大西洋やインド洋，太平洋などの大きな外洋と比べると，湖のようにも思えるほどである。だが，地中海について語ること，そして地中海周辺地域に住む人びとのことを語ること・学ぶことは，歴史について，人間について考える時に不可欠となる，多くの叡知を探求していくためのさまざまな手がかりを語り，学ぶことにほかならない。

　すでに書いたように地中海は歴史の古い海であり，本書で扱うのはそのなかのごくわずかな時間にすぎない。だが地中海世界の中世史は，人びとにとって実に多様な知識や視点の宝庫である。地中海からはるかに離れた極東の地に住むわたしたちにとっても，その意味は変わらない。いや，世界中のすべての人びとにとっても同じように，大きな意味を持つものであろう。

　地中海は，小さな海ではない。

参考文献

黒田潤一郎他「海盆の蒸発——蒸発岩の堆積学とメッシニアン期地中海塩分危機」
　『地質学雑誌』120-6，2014年，181-200頁。

小島毅監修，羽田正編『海から見た歴史（東アジア海域に漕ぎだす１）』東京大学出
　版会，2013年。

谷泰『牧夫の誕生——羊・山羊の家畜化の開始とその展開』岩波書店，2010年。

辻明日香『コプト聖人伝にみる十四世紀エジプト社会』山川出版社，2016年。

戸田善治・澤田典子「地中海世界における『古代』と『中世』——西洋史学と世界史
　教育のあいだ」『千葉大学教育学部研究紀要』66-2，2018年，267-276頁。

西秋良宏「新人に見る移動と現代的行動」印東道子編『人類大移動——アフリカから
　イースター島へ』朝日新聞出版，2012年，161-178頁。

羽田正『モスクが語るイスラム史——建築と政治権力』中央公論社，1994年。

桃木至朗『海域アジア史研究入門』岩波書店，2008年。

家島彦一『海域から見た歴史——インド洋と地中海を結ぶ交流史』名古屋大学出版会，
　2006年。

歴史学研究会編『地中海世界史』全5巻，青木書店，1999-2003年。

Harvati, K. et al., "Apidima Cave fossils provide earliest evidence of *Homo sapiens* in
　Eurasia", *Nature* 571(2009), pp. 500-504.

Wikipedia（日本語版）「地中海世界」（https://ja.wikipedia.org/wiki/%E5%9C%B0%
　E4%B8%AD%E6%B5%B7%E4%B8%96%E7%95%8C）（最終閲覧日2020年6月29
　日）。

第1章

中世前半の東地中海

コンスタンティノープル（現イスタンブル）の城壁
コンスタンティノープルは城壁で囲まれていたが，特に陸側の城壁はき
わめて強固だった。この城壁は5世紀に建設され，修理や補強を繰り返
しつつ，中世を通じて使用され，数多くの外敵を退けてきた。

第1章関連年表

年	出　来　事
527	ユスティニアヌス1世が即位
602	ビザンツ帝国でクーデター，ササン朝ペルシアとの戦争へ
626	アヴァール人によるコンスタンティノープル攻撃
628	ビザンツ帝国とササン朝ペルシアの戦いの終結
632	ムハンマド没
642	アラブ*がエジプトを支配下に
649	アラブ艦隊がキプロス島をはじめて攻撃
654	アラブによる第1回コンスタンティノープル攻撃
750	ウマイヤ朝の滅亡
824頃	イベリア半島出身のムスリム（イスラーム教徒）によるクレタ島攻撃・支配開始
838	アッバース朝カリフのムゥタスィムによる小アジア遠征
904	ムスリムの艦隊がテッサロニキを攻撃
961	ビザンツ帝国がクレタ島を奪回
965	ビザンツ帝国がキプロス島を奪回
969	ファーティマ朝がエジプトを征服

＊アラビア半島の紅海沿岸部（ヒジャーズ地方）を最初の拠点とし，630年代以降に急速に勢力を拡大していった集団の信仰が，イスラームという独自の宗教として整備されていくまでには，第1章本文で述べるようにかなりの時間を要する。このような事情から第1章（および第2章）では，彼らおよび彼らが形成していった国家のことを（8世紀前半のウマイヤ朝期までは）「アラブ」と表記しているが，あくまでも便宜上の表記法である。彼らが「アラブ人」というアイデンティティを確立させていくのにも，一定の時間が必要であった。

1　ローマ帝国支配下の地中海

　古代の地中海周辺では，数多くの国家や集団が興亡をくり返してきた。しかしながら紀元前3世紀以降，イタリア半島を拠点とするローマの勢力が急速に拡大していき，カルタゴやセレウコス朝シリア，そしてプトレマイオス朝エジプトなどに対する優位を確立した紀元前2世紀以降，地中海は事実上「ローマの海」となった。もちろんこれ以降も地中海各地で海賊の活動が続き，時には一定の脅威にもなったが，地中海でローマに国家として対抗できる勢力はもはや存在しなくなった。このような状況は紀元前1世紀にセレウコス朝シリアやプトレマイオス朝エジプトがローマに併合・編入されたことで完成する。アウグストゥス（在位前27-後14年）にはじまる元首政期には，ラヴェンナなどのいくつかの港湾都市を拠点とする艦隊が存在していたが，その規模はいずれも大きなものではなかった。

　4世紀以降，地中海中西部ではヴァンダル王国や東ゴート王国といったゲルマン系の諸国家による脅威が生じる（第2章参照）。だがビザンツ（東ローマ）帝国の支配が比較的安定していた東地中海では，それ以前と大きく状況が変化することはなかった。紅海・インド洋方面でササン朝ペルシアとの対立関係が激化することもあったが，ビザンツ帝国が直接艦隊を投入することもなかった。なお4世紀以降ビザンツ帝国の支配領域内では，おそらくドナウ川流域や黒海沿岸部を担当する艦隊があったと思われる。これは，バルカン半島に北方から侵入してくる集団への対処などが主な任務だったと考えられる。

　このように4世紀以降も東地中海では比較的安定した状況が続き，地中海交易もなお活発に続けられていた。ただし，すべてが3世紀以前と同じだったわけではない。4世紀になると各地の都市の自治権が大幅に制限されるようになり，周辺の農村部などへの支配もそれまでのようには及ばなくなった。その結果，都市部の支配を免れた農村部が独自の発展を示すようになる。5世紀以降，農村部でも大理石を利用した大規模な教会などが建てられるようになるのは，

そうした動きの現れである。一方で3世紀まで各地の都市を支えていたエリートである都市参事会員身分が徐々に崩壊していき，それに伴って都市の衰退や景観の変化などが起きた。全体として4世紀以降，「都市から農村部へ」ともいえるような，経済活動の重心の変化が進んでいたのである。

2　6世紀の変化

　東地中海地域で，変化の兆しが現れるのが6世紀である。皇帝ユスティニアヌス1世（在位527-565年）の時代は西方領域の再征服が進められた（第2章参照）ことで知られるが，東方国境でササン朝ペルシアとの戦いが再び本格化した時期でもあった。ササン朝ペルシアとの戦いはユスティニアヌス1世の時代以降も，7世紀前半まで断続的に続くことになる。ササン朝ペルシアとの長期にわたる戦いが東地中海世界にどのような影響を与えたのかは，判断が難しい問題である。両帝国が直接国境を接するシリア北部・メソポタミア地域で戦争状態が続いたため，この地域を経由する交易ルートに何らかの影響が及んだことは想定できる。そしてそれが代替ルートの活性化につながっていった可能性も高い。代替ルートの1つが，アラビア半島西部のヒジャーズ地方を経由してインド洋に出るルートだった。もちろんインド洋はササン朝ペルシアの影響力が強い海域であるから，このルートもビザンツ帝国とササン朝ペルシアとの対立の影響をまったく受けなかったわけではないことには注意が必要である。

境域の人びとの活動
　一方，ビザンツ帝国やササン朝ペルシアにとっては辺境・境域に相当する地域に住む（あるいはやってくる）人びとの活動が活発になるのも，6世紀の特徴といえる。西ヨーロッパではランゴバルド人やフランク人といったゲルマン系の集団の活動がビザンツ帝国に大きな影響を与えるし，北アフリカでも原住民（いわゆるベルベル人）の活動が活発である。中央アジアではエフタルや突厥（・西突厥）といった遊牧民がササン朝ペルシアを苦しめ，バルカン半島で

は同じく中央アジアに起源を持つ遊牧民と思われるアヴァール人が6世紀後半
以降大きな脅威となっていった。

　ビザンツ帝国とササン朝ペルシアとの中間地帯でも，同様の状況を見てとる
ことができる。例えばコーカサス地方ではアルメニアやジョージアなどに，自
立性の高い有力な君候が割拠していた。彼らは時にはササン朝ペルシア，時に
はビザンツ帝国に従属しつつも，状況に応じて反乱などを起こす帰趨の定まら
ない人びとだった。7世紀初頭には，この地域にも西突厥が勢力を伸ばしてく
る。

　もっとも注意が必要なのは，アラビア半島からシリア・パレスティナ地域の
内陸部に居住していたアラブ系の諸集団であった。この地域には，6世紀には
ビザンツ帝国に従属するジャフナ家の支配領域と，ササン朝ペルシアに従属す
るナスル家の支配領域が成立していた。ビザンツ帝国とササン朝ペルシアとい
う大帝国の庇護下にあったとはいえ，ジャフナ家もナスル家も一定の支配領域
を持ち，複数世代にわたって支配者の家系が続いた。一定の行政システムをも
備えた組織も発展しつつあった。6世紀にはまた，アラビア語も文章語として
利用されるようになっていた。

　アラブ系の諸集団がすべて，ジャフナ家やナスル家の配下に入っていたわけ
ではなかった。シリア・パレスティナ地域の内陸部には，移牧生活をおこなう
独立した集団もいた。こうした人びとの動きは，シリア・パレスティナ地域の
都市にも影響を与えた。例えばヘレニズム期以来シリアの中心都市だったアン
ティオキアは，6世紀になると衰退傾向が見られるようになる。しばしばササ
ン朝ペルシアの攻撃目標となったことや，地震の被害を繰り返して受けたこと
が，衰退の大きな理由である。だが近年の発掘調査によると，アンティオキア
周辺の平野部が環境変化によって湿地化し，アンティオキアへの食料供給源で
ある平野部の農村が減少したことも理由としてあげられるという。平野部の湿
地化はアンティオキア周辺に限らずシリアやメソポタミアなどで広く見られた
現象であり，それに伴って村落部は山の斜面などの高台へと移動する傾向が生
じていた。そしてそれと同時に，湿地化した地域にはアラブ人などの移牧民が

流入し，利用するようになっていく。シリア・パレスティナ地域の軍事力として アラブ人が利用されていたこともあわせ，6世紀にはビザンツ帝国の東方領域で，アラブ人の存在感が非常に強くなっていたのである。

中央政府の発言力後退

6世紀はビザンツ帝国の多くの地域で，コンスタンティノープルの中央政府や皇帝の発言力・影響力が弱まった時期でもあった。その理由の第1は，帝国内の多くの地域で進展した大土地所有である。6世紀には帝国内の各地で，元老院議員の身分を持つ有力者が大所領を形成しつつあった。中央政府は彼らの存在なしには税金をうまく集めることができず，各地の防衛体制（城塞の補強など）も依存するようになっていた。一方で彼らはさまざまな特権を持つ存在でもあり，皇帝や中央政府の意向に常に従うとは限らなかった。

第2に，宗教的対立があげられる。コンスタンティノープルの中央政府が推進するキリスト教の信仰（カルケドン派）に対して，シリア・パレスティナ地域やエジプトなどには非カルケドン派の信徒が多かった。こうした非カルケドン派の信徒たちは，6世紀には徐々に自分たち独自のアイデンティティを強めていった。その結果，コンスタンティノープルや皇帝，そして中央政府との心理的・アイデンティティ的距離がそれまで以上に開いていくことになる。こうした傾向はビザンツ帝国が直接支配する地域だけでなく，アルメニアやイラクといった帝国周辺部のキリスト教徒にも共通する傾向であった。それまで地中海世界の共通語・教養語であったギリシア語の地位が揺らいでいくのも，この時期からである。

最後に6世紀は，気候の寒冷化や伝染病（いわゆる「ユスティニアヌスのペスト」）の影響を受けた時代でもあった。気候の寒冷化は540年頃から進展したが，その原因としては火山の大噴火が考えられる。寒冷化に伴って起きた飢饉などもあり，6世紀後半は人口減少が進んだ地域も多かったと考えられる。

6世紀は「ユスティニアヌス1世の再征服」のイメージが強く，ビザンツ帝国の最盛期と考えられることもある時代である。だが実際にはここで見てきた

ように，特に6世紀後半はビザンツ帝国，そして東地中海世界にとって苦難の時期であったという方が適切である。飢饉や疫病だけでなく，続く戦争も人口や生産活動には大きなダメージとなった。そして宗教的な問題もあってコンスタンティノープルの中央政府との心理的な距離が開いていった。このような状況下，シリア・パレスティナ地域などのビザンツ帝国の東方領域で徐々に存在感を大きくしていったのが，アラブ人であった。

3　7〜8世紀の変動

ビザンツ帝国とササン朝ペルシアの最後の戦い

　7世紀の東地中海世界は，ビザンツ帝国とササン朝ペルシアとの最後の戦いではじまった。602年にビザンツ帝国でクーデターと帝位交代が起きたのを口実として，ササン朝ペルシアはビザンツ帝国への攻撃を再開した。戦いは初期には膠着状態が続いたが，609年以降ペルシア軍が大規模な侵入を開始する。610年の再度の帝位交代の後に即位したヘラクレイオス（在位610-641年）は613年に自ら軍を率いてアンティオキア近郊まで進出したが，ペルシア軍に大敗した。これ以降ペルシア軍の勢いを止めることは困難になり，614年にはイェルサレムが陥落した。ペルシア軍はエジプトにも侵入し，619年にエジプトの中心都市であるアレクサンドリアをも征服した。ここにササン朝ペルシアはシリア・パレスティナからエジプトにいたる地域を征服し，古代のアカイメネス朝ペルシア帝国に匹敵する大帝国が実現した。

　だが，大帝国は長くは続かなかった。620年代に入るとヘラクレイオス帝が反攻を開始する。ヘラクレイオス帝はササン朝ペルシアに奪われた領土の奪回ではなく，ササン朝ペルシアの中核地域であるイラクを直接攻撃する戦略をとった。そのためにヘラクレイオス帝は自ら軍を率いてコーカサス地域に進出し，同じくコーカサス地域に進出してきていた西突厥と対ペルシア同盟を結んだ。さらにササン朝ペルシアの有力貴族に対する内通工作を進めていた可能性もある。このような準備を進めたうえで，ヘラクレイオス帝は627年秋にイラクに

侵入し，ササン朝ペルシアの首都クテシフォンに迫った。ササン朝ペルシアの宮廷は混乱に陥り，628年ヘラクレイオス帝に対して和平を乞うた。その結果，ビザンツ帝国はササン朝ペルシアに奪われたシリア・パレスティナ・エジプトの奪回に成功したのである。

　だがこの戦いは，ビザンツ帝国とササン朝ペルシアの双方にきわめて深刻な影響を及ぼした。ササン朝ペルシアでは敗北後，王位をめぐる対立や内紛などが続いた。また，国家の中枢部であったイラク・メソポタミア地域にビザンツ帝国と西突厥の軍が侵攻してきたことも，混乱に拍車をかけることになった。一方ビザンツ帝国は，首都コンスタンティノープルが626年にアヴァール人によって包囲されたものの大きな被害を受けたわけではなく，小アジア地域も被害は比較的軽微であった。しかしながら，帝国の経済活動・農業生産のなかできわめて大きな意味を持つシリア・パレスティナ・エジプト地域が，10年以上にわたってササン朝ペルシアに奪われていたことの影響はきわめて大きかった。6世紀にエジプトで大所領を形成していた有力家門のアピオン家がペルシア支配期に姿を消したように，これらの地域の有力者のなかには疲弊した者もいた。また628年に勝利を収めたとはいえ，シリア・パレスティナ・エジプトからペルシアの軍や官僚が完全に撤退するまでには一定の時間が必要であり，ビザンツ帝国による統治システムの再建は630年代に入ってからでなければ本格化しなかった。そしてビザンツ帝国・ササン朝ペルシアともに，長期にわたる戦争で軍事力が大きく減少した。

アラブの勢力拡大

　このような状況下，630年代に入るとヒジャーズ地方を拠点とする預言者ムハンマドの集団の急成長がはじまる。ムハンマドはメッカ出身であるが，622年にメディナに移住（ヒジュラ）して以降，徐々にその勢力を拡大していった。632年に没するまでに，ムハンマドの勢力はヒジャーズ地方を中心としてアラビア半島のかなりの地域に及ぶようになっていた。

　ムハンマドの死後，彼の代理（カリフ）としてその集団を引き継いだアブ

ー・バクル（在位632-634年）の時代に，彼らの勢力はアラビア半島外への本格的な進出を開始する。これまで書いてきたように630年代初頭，ビザンツ帝国もササン朝ペルシアも大きく疲弊していたうえに，ビザンツ帝国にとっては重大な脅威の存在を想定していないアラビア半島からの侵入であったこと（ササン朝ペルシアとの戦いの主戦場となるのはシリア北部〜メソポタミア北部），これまでこの地域の防衛を依存していたアラブ人による攻撃であったことなどが重なり，ビザンツ帝国はこの新たな敵＝アラブの攻勢に効果的に対処することができなかった。アラブは瞬く間にシリア・パレスティナ地域に侵入し，おそらく636年にビザンツ帝国は決定的な敗北を喫した。そして640年頃までにシリア・パレスティナ地域のほぼ全域がアラブ支配下に入ることになった。エジプトもすぐにその後を追い，642年にはビザンツの軍・官僚がアレクサンドリアから撤退してアラブ支配下に入った。アラブは650年代初頭までにササン朝ペルシアを滅ぼし，中央アジアからキレナイカ地方（現リビア東部沿岸部）にまで広がる大国家が出現した。

　7世紀中盤以降もアラブの征服活動は北アフリカを中心として続き，660年代以降は現在のチュニジアに相当する地域にも進出していった。そして698年にカルタゴ，710年頃にセプテム（現セウタ），そして711年からはイベリア半島への侵入を開始して，西ゴート王国を滅亡させた（第2章参照）。そしてササン朝ペルシアに続いてビザンツ帝国をも完全併合するため，654年，667-669年（年代には異説あり），そして717-718年の3回にわたってコンスタンティノープルを攻撃した。だがコンスタンティノープルの征服には成功しなかった。

　アラブの攻勢は陸上だけでおこなわれたわけではない。アラブは640年代末に艦隊を新設して，地中海でもビザンツ帝国と激しく戦った。はじめにアラブ艦隊がめざしたのはキプロス島（649年）であり，クレタ島やロドス島，そしてコンスタンティノープルなどを攻撃した。コンスタンティノープルがボスポラス海峡をはさんでヨーロッパ側に立地する以上，アジア側から侵入してくるアラブ軍にとって艦隊はコンスタンティノープル攻撃のために不可欠だった。そしてキプロス島やロドス島，エーゲ海の島々も，コンスタンティノープルに

向かうための中継拠点として確保しておく必要があった。しかし地中海域では，アラブは大きな成功を収めることができなかった。キプロス島こそ，7世紀末までにビザンツ帝国とアラブの双方に一定の従属をおこなう状態に変化するが，その他の島々は（一時的な制圧はできても）基本的にはビザンツ帝国の支配下に残った。

　アラブ軍は小アジアの攻略にも成功しなかった。アラブは660年代にアルメニアやアゼルバイジャンで自らの宗主権を認めさせることに成功し，また8世紀初頭の攻撃によって小アジア南東部のキリキア地方などを併合した。しかしそれより先のタウロス山脈・アンチタウロス山脈以西へは，毎年のように攻撃や略奪を繰り返すものの，永続的な征服は結局できなかった。8世紀以降もビザンツ帝国はコンスタンティノープルを首都とし，小アジアから南イタリア・シチリア島・サルデーニャ島・バレアレス諸島にいたる地域を支配する国家として存続していく。全体として東地中海世界では，ビザンツ帝国とアラブの勢力圏は7世紀中盤にほぼ膠着状態となり，その状況が9世紀まで続いた。

スラヴ人のバルカン半島進出

　7世紀には，アラブとともにそれ以降の東地中海世界の状況に大きな影響を与えるようになる人びとが姿をあらわした。スラヴ人である。スラヴ人はアヴァール人の勢力が後退した後，バルカン半島の多くの地域に移住・定住した。そのため，バルカン半島は7世紀以降「スクラヴィニア」（スラヴ人の土地）と呼ばれるようになった。彼らは丸太舟のようなものを使ってエーゲ海に繰り出しただけでなく，626年にアヴァール人がコンスタンティノープルを攻撃した時にも，コンスタンティノープルを海上から攻撃しようと試みている。

　スラヴ人がバルカン半島に広く居住するようになった結果，それまでバルカン半島に住んでいた人びとは逃亡したり，姿を消したりしていった。ギリシア地域にいた人びとのなかには，南イタリアやシチリア島などへ移住した者もいたようである。モネンバシアのような要害の地に移住する人びともいた（コラム①参照）。7世紀中盤以降，バルカン半島の大半にビザンツ帝国の支配は及

ばなくなり，テッサロニキやアテネ，コリントスといった主要都市やその周辺部のみをかろうじて保持するにとどまっていた。

4　アラブとビザンツ帝国の戦いの影響

都市の重要性の増大

　7世紀以降，東地中海地域の陸海が広く戦いの場となった。ササン朝ペルシアもシリア・パレスティナ地域の征服後に地中海に艦隊を設置していた可能性が高いが，海上での戦いが本格化するのはやはり640年代末以降である。これまで述べてきたように，キプロス島やクレタ島といった地中海・エーゲ海の島々がアラブ艦隊の攻撃や脅威にさらされた。他方，同様の脅威をアラブ側も受けていた。ビザンツ帝国も艦隊を増強し，670年代以降シリア・パレスティナ・エジプト地域の沿岸部を繰り返して攻撃していたからである。

　そのためアラブの支配領域でも，沿岸部を中心に人口の減少や荒廃が進んだ地域があった。例えばシリア・パレスティナ地域では，ムアーウィヤ（在位661-680年）時代以降沿岸部の都市や城塞の防備強化が進められたり，他地域からの住民の強制移住政策がおこなわれたりしている。このような沿岸部の荒廃は，すでに述べた6世紀以来の，シリア・パレスティナ内陸部の都市の比重の増大を加速することになる。沿岸部の港湾都市やアンティオキア（アンティオキア自体は海に面してはいないが，海にかなり近い場所にある）といった諸都市からダマスクスなどの内陸都市へ，シリア・パレスティナ地域での経済活動・政治活動・文化活動の重心が移動していったのである。

　一方ビザンツ帝国では，アラブ軍の小アジア内陸部への攻撃や略奪が繰り返しておこなわれたこと，またバルカン半島で610年代以降スラヴ人の本格的な南下・定住がはじまったこともあり，沿岸部よりもむしろ内陸部での荒廃が目立つ。そしてそれに対応するため，7世紀後半以降各地の都市で防備の強化などが進められていった。かつてはアラブ（やササン朝ペルシア）の攻撃を受けて，小アジアの諸都市は7世紀に急速に衰退・縮小したと考えられてきた。し

かし近年の発掘成果は，（地域的な差異はもちろんあるが）こうした定説に疑念を呈すものとなっている。アモリオンやアンキュラ（現アンカラ）などの拠点都市にはかなり多くの住民がいて経済活動も比較的活発に続き，従来はほぼ流通しなくなったと考えられていた貨幣も一定規模の流通が（主要都市を中心に）継続していた可能性が高い。またキリキア地方やタウロス山脈周辺のような地域では，高地に集落が移動していく傾向がそれ以前から連続している。ただいずれにせよ，アラブの攻勢によって不安定な状況が続くようになった結果，それまで進展していた「都市から農村部へ」の居住地，そして経済活動の重心の変化という傾向が7-8世紀に（一時的に）抑止され，都市の持つ重要性が再び増大していく傾向が生じていたようである。

諸島部の状況

では，東地中海の諸島部の状況はどうだったのか。資料が少なく不明な点が多いが，近年の発掘の進展によって，少しづつ明らかになりつつある。そうした研究成果によると，7世紀におけるアラブとビザンツ帝国との戦いの影響は，従来想定されていたほど絶望的なものではなかったようである。例えばキプロス島では，649年の最初のアラブによる攻撃後も，複数の都市で活発な経済活動や建築活動が続いていたことが示唆されている。キプロスの中心都市だったサラミス（コンスタンティア）では，7世紀後半に新たな市壁が（それ以前の都市計画を考慮に入れたうえで）建設されているし，5世紀初頭に建設された主教座教会（聖エピファニオス教会）も，9世紀まで繰り返して修復されながら利用が続いている。またビザンツ帝国の中位の位階を持った人物の存在も明らかになっており，サラミスにはビザンツ帝国となお何らかの関係を持っていた在地のエリート層が存在していた，と考えることができる。キプロス島ではサラミス以外でも，同様の建築活動などが続いていたことが明らかになりつつある。つまり7世紀中盤からのアラブの攻撃や脅威を受けていた時期においても，キプロス島には在地の有力者が存続し，彼らのイニシアチヴのもとで経済活動が連続していたと考えられる。

　これはキプロス島だけの特徴ではなく，この時期の地中海の島嶼にある程度共通する現象であった。他の例として，クレタ島について簡単に見ておきたい。クレタ島も650年代，そして660-670年代にアラブ艦隊の攻撃を受けた。しかし古代以来クレタ島の中心都市の1つであったゴルテュンの発掘成果によると，7世紀後半のこのような状況が，ゴルテュンの都市景観や経済活動に致命的な影響を与えたわけではなかった。ゴルテュンでは7世紀中盤の住居・工房の遺構が発掘されている。これらは古代の公共空間を侵食する形で形成されており，それ以前の時期から地中海世界一円で進展していた都市景観の変化が，クレタ島でも起きていたことを示す。そしてそれとともに，7世紀中盤以降のゴルテュンで活発な経済活動が存続していたことを示すものでもあろう。またサラミスと同様に中位〜高位の位階を持った人物が存在し，教会の建設活動なども進められていた。つまりキプロス島と同様，クレタ島でも在地のエリート層が存続していた可能性が高い。ゴルテュンはおそらく7世紀末〜8世紀初頭にあった大地震以降，都市の衰退傾向が進展していったことが示唆される。しかしそれは，クレタ島での経済活動がすべて衰退に向かったことを意味するものでは当然ない。

　その他のエーゲ海の中小の島嶼についての情報は，さらに乏しい。しかし8世紀中盤，皇帝コンスタンティノス5世（在位741-775年）が，コンスタンティノープルでの公共工事を実施する際にエーゲ海の諸島部から職人をコンスタンティノープルに呼び寄せたと年代記に伝えられていることは興味深い。8世紀のエーゲ海の島々では，コンスタンティノープルに職人を提供できる程度には，生産活動・経済活動が続いていたのである。7世紀にバルカン半島にスラヴ人が移住してきた影響を受けて，これら諸島部に大陸から多くの人びとが逃れて移住してきていた可能性は以前から指摘されており，むしろバルカン半島本土よりも恵まれた環境にあった可能性も考えられるだろう。

ビザンツ帝国とアラブの共存
　アラブとビザンツ帝国の戦いが引き起こした影響としてもう1つ考えなけれ

ばならないのは，ビザンツ帝国とアラブの併存・共存，という点である。アラブは630年代から急速な拡大を開始し，650年代初頭にはササン朝ペルシアを滅ぼして，その領域は早くも中央アジア地域にまで及んだ。また660年代にはアルメニアやアゼルバイジャンといったコーカサス地域に宗主権を認めさせるとともに，エジプトから本格的な西進を開始して8世紀初頭までに北アフリカの沿岸部をほぼ支配下に収めた。だが，すでに述べているように，小アジアやコンスタンティノープルの攻撃は大きな成果をあげることができず，東地中海の海域部でもアラブはビザンツ帝国の優位を崩すことができなかった。アラブが攻撃を開始してから20年あまりで姿を消したササン朝ペルシアとは異なり，ビザンツ帝国は8世紀以降も長くその命脈を保つことになる。もちろん領域の広さや人口，経済力，そして軍事力など，アラブはビザンツ帝国に対して圧倒的な優位を保っていた。にもかかわらず，アラブはビザンツ帝国を滅ぼし，併合することができなかったのである。

　短期間に2回にわたってコンスタンティノープル攻撃を実施した7世紀中盤には，アラブは（ササン朝ペルシアに引き続いてすぐの）ビザンツ帝国の滅亡・併合をめざしていたに違いない。だがそのような「未来」は，654年と667-669年のコンスタンティノープル攻撃の失敗によって水の泡となった。630年代以来，（小競り合いを別にすると）ほぼ無敵の勢いで勢力を拡大していたアラブは，ビザンツ帝国に対してはついに決定的な勝利を得ることができなかった。そしてこのような状況は，アラブに大きな動揺をもたらすものであった。654年のコンスタンティノープル攻撃失敗の直後のアラブでの第1次内乱（656-661年），そして667-669年のコンスタンティノープル攻撃失敗や670年代のビザンツ艦隊による反撃の後，680年代に第2次内乱（683-692年）が起きていることは決して偶然ではない。また717-718年の第3回コンスタンティノープル攻撃の失敗後にも，ウマイヤ朝は一時的な混乱期を経験している。

　その結果，アラブはその後長期にわたってビザンツ帝国との併存・共存を余儀なくされることになる。ササン朝ペルシアとは異なり，「ローマ帝国」（＝ビザンツ帝国）は競合者・敵対者として自らの外部に存在を続けることになった。

サ サ ン 朝 ペ ル シ ア は ア ラ ブ に 完 全 に 飲 み 込 ま れ た た め， ア ラ ブ は サ サ ン 朝 ペ ル シ ア の さ ま ざ ま な 遺 産 を す べ て 自 ら の も の と し て 受 け 継 ぐ こ と が（実 際 に 利 用 す る か は 別 と し て）可 能 と な っ た。だ が 地 中 海 世 界 で は ロ ー マ 帝 国＝ビ ザ ン ツ 帝 国 が な お も 存 続 し た た め，ア ラ ブ は ロ ー マ 帝 国 や 古 代 地 中 海 世 界 の 文 化 的 遺 産 を 独 占 す る こ と が で き な か っ た。7 世 紀 中 盤〜後 半，ム ア ー ウ ィ ヤ は サ ル ジ ュ ー ン・ブ ン・マ ン ス ー ル（ダ マ ス ク ス の ヨ ハ ネ ス の 父 親）な ど の キ リ ス ト 教 徒 を 側 近 と し た り，キ リ ス ト 教 徒 の 軍 を 動 員 し た り，あ る い は キ リ ス ト 教 徒 間 の 宗 派 対 立 の 調 停 を お こ な う な ど し て い る。ム ア ー ウ ィ ヤ の 時 代，イ ス ラ ー ム と い う 宗 教・信 仰 は ま だ 形 成 途 上 に あ り，キ リ ス ト 教 徒 や ユ ダ ヤ 教 徒 な ど も 含 む 一 神 教 の 信 徒 た ち す べ て の 頂 点 と し て ム ア ー ウ ィ ヤ は 行 動・統 治 し よ う と し て い た。

だ が，ム ア ー ウ ィ ヤ が 主 導 し た 2 回 の コ ン ス タ ン テ ィ ノ ー プ ル 攻 撃 は 実 を 結 ば ず（654年 の 攻 撃 の 時，ム ア ー ウ ィ ヤ は 指 揮 官 と し て コ ン ス タ ン テ ィ ノ ー プ ル 対 岸 の カ ル ケ ド ン ま で 侵 入 し て き て い た。667-669年 の 攻 撃 は 息 子 の ヤ ズ ィ ー ド 1 世〔在 位680-683年〕が 指 揮 し て い た），7 世 紀 末 ま で に は ビ ザ ン ツ 帝 国 と の 併 存・競 合 が 確 定 的 に な っ て い た。そ の た め こ の 時 期 以 降，「ロ ー マ 帝 国」と は 異 な る 独 自 の 制 度 や 信 仰 の 形 成 が ア ラ ブ で 進 ん で い く。ア ブ ド・ア ル・マ リ ク（在 位 685-705年）の 治 世 以 降，デ ィ ー ナ ー ル 金 貨・デ ィ ル ハ ム 銀 貨 の 導 入 や 新 た な 度 量 衡 制 度 の 導 入 な ど が 進 む こ と や，シ リ ア・パ レ ス テ ィ ナ・エ ジ プ ト 地 域 で 古 代 末 期 以 来 の 伝 統 的 な 行 政・徴 税 シ ス テ ム が 新 た な シ ス テ ム に 置 き 換 え ら れ，ギ リ シ ア 語 が 行 政 用 語 と し て の 地 位 を 失 っ て い く こ と，そ し て キ リ ス ト 教 徒 が 徐 々 に 国 家 の 要 職 か ら 遠 ざ け ら れ て い く こ と な ど が そ の 例 で あ る。宗 教 的 な 側 面 で も，7 世 紀 末 か ら イ ス ラ ー ム の 独 自 性 が 明 確 に な っ て い っ た。つ ま り「ロ ー マ 帝 国」を 滅 ぼ し，完 全 に 併 合 す る こ と に 失 敗 し，「ロ ー マ 帝 国」と の 併 存・対 立 が 現 実 の も の と な っ た 結 果，ア ラ ブ は 新 た な 文 明＝イ ス ラ ー ム の 明 確 化 に 迫 ら れ た と い え る。

た だ，7 世 紀 末 以 降 の ア ラ ブ 支 配 下 の シ リ ア・パ レ ス テ ィ ナ・エ ジ プ ト 地 域 で，社 会 の イ ス ラ ー ム 化 が 一 気 に 進 展 し た わ け で は な い。イ ス ラ ー ム へ の 改 宗

のプロセスはゆっくりとしたものであった。たしかに630-640年代の征服初期にコンスタンティノープルや小アジア，あるいはローマなどに逃亡・移住した人びとはいたし，その後も断続的にキリスト教徒の逃亡・流出などはあったものの，住民の多数はなおもキリスト教徒であった。とはいえ時代が下るにつれてキリスト教徒もアラビア語を利用するようになるなど，さまざまな点で徐々に変化のプロセスが進展していく。その結果，イスラーム世界というべき地域が姿をあらわしていくのである（第3章参照）。

ビザンツ帝国の変化

アラブとの戦いは，ビザンツ帝国にも影響を及ぼした。第1に，640年代までにシリア・パレスティナ・エジプトといった非カルケドン派地域が帝国の領域外となった。さらに7世紀中盤～後半のアラブのコンスタンティノープル攻撃を撃退することにも成功して「神に守られるローマ帝国」「神に守られる皇帝」，そして「神に守られるコンスタンティノープル」という意識も強化された。その結果コンスタンティノープルの中央政府や皇帝の求心力が回復し，カルケドン派の信徒が圧倒的多数となる国家とその領域が姿をあらわすようになる。

第2に，シリア・パレスティナ・エジプトといった東方領域が失われたことに加え，小アジアでも7世紀後半以降アラブの恒常的な攻撃や略奪が続いた結果，それまで大きな政治的・経済的実力を持っていた大土地所有者＝元老院議員貴族層が大きな打撃を受けた。中央政府の求心力が高まったこともあり，7世紀末以降は政府の要職を務めて皇帝と近い関係を構築した人びとのなかから，新たなエリート層が生まれてくることになる。7-8世紀にイルストリスやヒュパトス（コンスル）など，元老院に由来する位階の地位が低下，あるいは姿を消す一方で，パトリキオスやプロトスパタリオスといった皇帝との関係に由来する位階の地位が上昇，あるいは出現するのは，このようなエリート層の変化を反映している。もちろん以前からの有力元老院議員の家門がすべて姿を消したとは考えにくく，また大所領が姿を消したわけでもないが，7世紀後半以

降に中央と地方との関係，そして皇帝とエリートとの関係にも変化が進展した
ことは確かだろう。

　なお，このような状況の変化があったからこそ，7世紀後半以降の小アジア
における対アラブの防衛戦略が出現・機能するようになったといえる。小アジ
アにおけるアラブへの抵抗は，中央政府・皇帝の求心力や，「神に守られる帝
国」といった意識なしには成立しないからであり，アラブに対して大きな抵抗
を示すことなく降伏したシリア・パレスティナ地域とは対照的である。

　ただしカルケドン派信仰を持っている地域でも，ローマを中心とする西ヨー
ロッパは，徐々にビザンツ帝国の影響から離脱していく。キリスト教徒の支配
する地域は，宗教的にはローマ教皇を頂点とする西欧キリスト教世界と，東方
のビザンツ世界にわかれ，イスラーム世界もあわせて相互に複雑な関係を保ち
つつ，地中海周辺地域の歴史をつくっていくことになる。

5　ムスリムの地中海支配

アッバース朝の成立

　第2章で述べるように，アラブは711年には西ゴート王国を滅ぼし，720年代
までにはイベリア半島の大半を支配下に収め，さらにガリア南部にまで進出を
企てるようになっていた。また東方でも中央アジアなどでさらなる領域拡大が
進展した。だが730年代以降，ウマイヤ朝による支配は徐々に不安定になって
いき，領域拡大の勢いも止まった。アラブ軍は各地で敗北を喫するようになり，
740年代に入ると国内でも反乱が続発するようになる。そして750年にはウマイ
ヤ朝が倒れ，アッバース朝に取って代わられた。旧ローマ帝国領のシリア・パ
レスティナを拠点としていたウマイヤ朝とは異なり，アッバース朝は旧ササン
朝ペルシア領のイラクを拠点とし，新たに首都としてバグダードを建設した。
国家の重心がより東方に移ったこともあって，地中海周辺地域の状況も一定の
変化が生じることになる。しかし変化がより顕著だったのは第2章で述べる地
中海中西部であり，東地中海地域ではアッバース朝期に入ってもビザンツ帝国

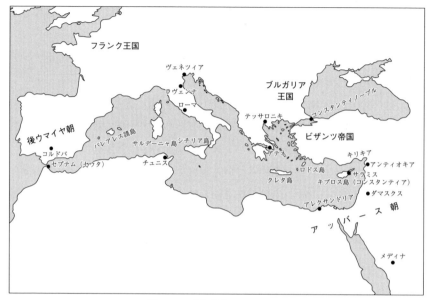

図1-1 8世紀後半の地中海世界

出典：筆者作成。

との力関係が大きく変わったわけではない。

　7世紀後半から8世紀初頭までとは異なって，アッバース朝期にはビザンツ帝国やコンスタンティノープルへの大規模かつ本格的な軍事行動が実施されることが減り，国境地帯での小競り合いや略奪行が中心になっていく。アッバース朝期になると国境部での捕虜交換（およびその儀礼）などがおこなわれるようになることも，このような変化を反映したものといえる。

8世紀後半のビザンツ帝国

　一方，東方国境が比較的安定したこともあって，8世紀後半になるとビザンツ帝国はバルカン半島方面での勢力回復をめざすようになった。こうした動きは780年代以降本格化していき，9世紀初頭のニケフォロス1世（在位802-811年）時代までに，ギリシアをはじめとするバルカン半島南部に，ビザンツ帝国の支配が再び及ぶようになっていった。山岳地帯に住んでいたスラヴ人による

反乱は 9 世紀以降も続くが，そうした動きも徐々に沈静化していく。9 世紀には ペロポネソス半島を中心に養蚕や絹織物産業が発展し，アテネは染色業の中心地の 1 つとしても機能していくようになった。しかしこのようなビザンツ帝国の勢力回復は，7 世紀末にドナウ川下流地域に成立した第 1 次ブルガリア王国との衝突を避けられないものとし，9-10世紀にはビザンツ帝国は第 1 次ブルガリア王国と繰り返し衝突することになる。

すでに述べたように 7 世紀，ムアーウィヤは地中海で艦隊を構築して，海上でもビザンツ艦隊と対決した。8 世紀に入ると717-718年の 3 回目のコンスタンティノープル攻撃にはシリアやエジプト，そして北アフリカから艦隊がコンスタンティノープルに襲来したが，その後は東地中海におけるアラブ艦隊の活動は徐々に停滞していく。740年代以降はウマイヤ朝からアッバース朝への交代に伴う混乱が続いたことなどもあり，全体として東地中海ではビザンツ帝国の優位が 9 世紀初頭まで続いた。

ムスリムのクレタ島支配

東地中海におけるビザンツ帝国の優位は，9 世紀に崩壊する。だがその要因は東のアッバース朝ではなく，西からやってきた。

9 世紀に入るとすぐ，北アフリカではアグラブ朝が成立した（第 2 章参照）。アグラブ朝は早くから地中海へ進出する傾向を持っていた。9 世紀初頭，ニケフォロス 1 世の時代にギリシア南部のペロポネソス半島の沿岸部には「アフリカのサラセン人」が姿をあらわしていたことが記録に残っている。ニケフォロス 1 世もこうした動き（およびアドリア海へのフランク王国への進出の動き）に対応するため，ギリシア地域での艦隊や港湾拠点の整備をおこなっている。

しかし，東地中海地域ではさらなる変化が予想もしない状況下で起きた。820年代から，クレタ島がムスリム（イスラーム教徒）の攻撃を受けたのである。クレタ島を攻撃したのは，アグラブ朝でもアッバース朝でもなかった。それより少し前にイベリア半島で反乱を起こし，故郷を追われてエジプトにやってきていたムスリムの一団であった。ビザンツ帝国も繰り返して艦隊を派遣して防

衛に努めるが、おそらく840年代初頭までにクレタ島全島がムスリムの支配下におちた。その後もビザンツ帝国はクレタ島奪回のために何回か艦隊を派遣するが失敗し、961年までムスリムによる支配が続くことになる。一方でクレタ島には灌漑農業が導入されるなど、イスラーム世界から新たな技術なども流入した。

　クレタ島、そしてシチリア島のムスリム支配（第2章参照）によって、地中海の状況は激変することになる。シチリア島もクレタ島も、地中海の交易ルートの重要な中継拠点である。そのためこの両島を失った結果、ビザンツ帝国は地中海での優位を失う。かわって9世紀中盤以降、ムスリムが地中海をも支配するようになったのである。

　またクレタ島はエーゲ海の最南端に位置し、いわばエーゲ海の「ふた」のような役割を果たす戦略的要地だった。この「ふた」が開けられてしまったため、820年代以降エーゲ海諸島や小アジア・ギリシアの沿岸部は海からのムスリムの攻撃や略奪の脅威を恒常的に受けることになった。エーゲ海諸島では9-10世紀には、より安全な大陸部などへの住民の移動が起きたようである。

　加えて9世紀末以降、シリアからキリキアの沿岸部を拠点とする艦隊がビザンツ帝国に攻撃をおこなうようになっていくが、クレタ島はそうした艦隊の中継拠点としても活用された。904年にはコンスタンティノープルに次ぐビザンツ帝国第2の都市テッサロニキが、ムスリム艦隊の攻撃を受けて一時制圧されるという大きな事件も起きている。ビザンツ帝国も9世紀中盤以降、東地中海域での艦隊の強化を進めるが、ムスリムに対する決定的な勝利を得ることはなかなかできなかった。

地中海交易の活性化

　一方でこのような状況は、地中海交易の活性化をもたらすことになった。すでに7世紀までに、急速な征服活動によってイラク・イラン地域とシリア・パレスティナ地域、そしてアラビア半島との経済的な結びつきは強くなっていたが、9世紀に入って地中海でのムスリムの優位が確立した結果、地中海の交易

ルートがイラクやアラビア半島を介したインド洋や中央アジアなどとの交易ルートと密接に直結することになり，イベリア半島からエジプト，シリア，イラクなどを経て東アフリカやインド，さらには中国にまで及ぶ広大な交易ネットワークが出現することになった。

　7-8世紀，ビザンツ帝国が地中海での優位を保持していた時期には，地中海交易は比較的低調であった。740年代末のペストの流行時，感染の波がエジプトから北アフリカ，南イタリアを経てコンスタンティノープルへと広がっているが，これは東地中海での交通が停滞していたことを示唆する事例といえる。だが9世紀中盤以降，再び地中海交易が活発になっていく。この時期からヴェネツィアがレヴァント交易に本格的に参入するのも，このような状況を反映している。現在ヴェネツィアのサン・マルコ教会にある聖マルコの聖遺物は，9世紀前半にアレクサンドリアからヴェネツィアに運ばれてきたものであるという（第3章参照）。このエピソードも，9世紀のヴェネツィアとエジプトとの直接交易のルートが成立していたことなしには理解できないだろう。

　ビザンツ帝国もまた，イスラーム世界の交易ネットワークの中に組み込まれることになった。9世紀前半から，ビザンツ帝国では貨幣発行量が増加していくが，これもイスラーム世界の交易ネットワークに組み込まれた結果，経済の活性化が進展したことが一因である。しかしこれは同時に，ビザンツ帝国がイスラーム世界の経済圏に飲み込まれたことを意味するものでもある。また9世紀末以降，ビザンツ帝国はキエフを中心に勢力を拡大しつつあったキエフ・ルーシとの関係性を徐々に強化していき，7世紀以来同盟関係にあったハザールとの関係を徐々に希薄化させていった。これは黒海北岸・ロシア平原の政治的状況への対応という理由に加え，それまでカスピ海〜ヴォルガ川経由でおこなわれていたバルト海・北海地域とイスラーム世界との主要な交易路をドニエプル川〜黒海〜ビザンツ帝国経由でのルートにも移行させることにもつながった。ビザンツ帝国が意図的にこのような方策をとったのかはわからないが，東西に広がるイスラーム世界の交易ネットワークでの，ビザンツ帝国やコンスタンティノープルの位置の強化にはつながっただろう。

6　10世紀の状況

　10世紀には東地中海周辺地域の状況に新たな変化が起きていく。その背景にあるのは，アッバース朝の衰退であった。アッバース朝はカリフのムゥタスィム（在位833-842年）自ら軍を率いて838年に小アジア西部まで遠征をおこなうなど，9世紀前半まではなお強盛をほこっていた。だが9世紀後半にはエジプトにトゥールーン朝のような地方政権が出現するなど，求心力の低下が明確になっていった。アッバース朝は10世紀初頭に一時的に勢力をある程度回復するものの，10世紀中盤までにはカリフの政治的実力は大きく後退し，拠点であるイラク地域もブワイフ朝が事実上支配するにいたった。その結果，エジプトには上述したトゥールーン朝や10世紀のイフシード朝といった地方政権が成立するが，シリアやメソポタミア地域にも地方政権が成立したり，各地域・都市の支配者たちが一定の自立性を持ち，相互に，あるいはビザンツ帝国と対峙するという状況が9世紀後半から進展していった。

　一方でビザンツ帝国は9世紀後半以降徐々に勢力を回復していった。初期には小アジア東部・メソポタミア北部地域の支配者に対する戦勝など，局地的な勝利にとどまっていたが，9世紀末からはユーフラテス川を越えてアルメニア方面への勢力の拡大が徐々に進展していった。そして10世紀に入ってロマノス1世レカペノス（在位920-944年）の時代になると本格的な攻勢が開始され，934年にはメソポタミア北部の拠点都市であるメリテネ（現エスキ・マラティヤ）を奪回して，コーカサス・メソポタミア地域への進出の足がかりをつくった。そして10世紀後半にはキリキア地方・シリア北部を奪回し，かつてのシリアの拠点都市，アンティオキアも969年に奪回した。またバルカン半島でも，10世紀前半にはブルガリアに対して守勢を強いられたものの，10世紀後半からは攻勢に出た。970年代にブルガリア東部，そして1010年代末までに西部も併合し，ビザンツ帝国はバルカン半島の大半を再び支配するようになった。

　ビザンツ帝国の勢力回復は東地中海の島々でも進展した。9世紀以来，クレ

タ島奪回のために何回も艦隊が派遣され，10世紀に入っても911年，949年と艦隊が派遣されたが，いずれも失敗していた。しかしついに961年にクレタ島の奪回に成功し，965年にはキプロス島もビザンツ帝国の完全な支配下に戻ってきた。この後，キプロス島は12世紀末，そしてクレタ島は1204年の第4回十字軍まで，ビザンツ帝国の支配下にとどまる（第3章参照）。

　だが，10世紀後半に東地中海地域で勢力を拡大したのはビザンツ帝国だけではなかった。10世紀初頭にアグラブ朝に代わって北アフリカを支配するようになった（第2章参照）ファーティマ朝が969年にエジプトを征服し，さらにヒジャーズ地方やパレスティナを支配下に収めるにいたった。ファーティマ朝とビザンツ帝国はシリア北部で対峙することになるが，大規模直接対決はあまりおこなわれず，11世紀までその状態が継続することになる。

　また，10世紀後半には第2章で述べるように，西地中海で後ウマイヤ朝の勢力が拡大する。したがって10世紀後半〜11世紀初頭には地中海でビザンツ帝国，ファーティマ朝，後ウマイヤ朝の三大勢力が並立し，競い合う状況が生じていた。だが，このような状況は一時的なものであった。11世紀中盤以降，ビザンツ帝国，ファーティマ朝はともに大きく勢力を後退させ，後ウマイヤ朝は姿を消す（第4章参照）。そしてそれとともに，新たな勢力が地中海に進出してくるのである。

参考文献

太田敬子『ジハードの町タルスース——イスラーム世界とキリスト教世界の狭間』刀水書房，2009年。

小林功『生まれくる文明と対峙すること——7世紀地中海世界の新たな歴史像』ミネルヴァ書房，2020年。

蔀勇造『物語　アラビアの歴史』中央公論新社，2018年。

マラヴァル，P.，大月康弘訳『皇帝ユスティニアヌス』白水社，2005年。

家島彦一『イスラム世界の成立と国際商業——国際商業ネットワークの変動を中心に』岩波書店，1991年。

Dujcev, I. (ed.), *Cronaca di Monemvasia*, Palermo: Istituto siciliano di studi bizantini e neoellenici, 1976.

Haldon, J., *the empire that would not die: The Paradox of Eastern Roman Survival, 640–740*, Cambridge MA: Harvard University Press, 2016.

Hoyland, R. G., *In God's Path: The Arab Conquests and the Creation of an Islamic Empire*, Oxford: Oxford University Press, 2015.

Michaelides, D. et. al. (eds.), *The Insular System of the Early Byzantine Mediterranean: Archaeology and history*, Oxford: Archaeopress, 2013.

Sarris, P., *Empires of Faith: The Fall of Rome to the Rise of Islam, 500–700*, Oxford: Oxford University Press, 2011.

── コラム①　モネンバシア ──

　7世紀には，スラヴ人がバルカン半島の広範な地域に移動・移住してきた。その結果，それまで住んでいた人びとのなかにはスラヴ人の脅威から逃れるために故郷を離れることを余儀なくされた人びとが数多くいた。ギリシアの人びとも例外ではなく，本文でも述べたように南イタリアやシチリア島，あるいはエーゲ海の諸島部などに多くの人びとが逃れていった。一方でスラヴ人から逃れるため，ギリシアの内部でより安全な地域に移住した人びともいた。そういった人びとによって作られた都市の1つが，ペロポネソス半島の先端近くにあるモネンバシアである。

　モネンバシアはスパルタを中心とするラコニア地方の人びとが建設した都市とされている。10世紀以降に成立した『モネンバシア年代記』という資料には，以下のような記述がある。

　　またこの時，ラコニア人も自分たちの地を捨てて移住した。彼らの中のある
　　者たちはシチリアへ逃げた。……また（ラコニア人たちの）別の者たちは，
　　海岸沿いの近づきがたい場所を見つけて，そこに堅固な都市をつくって住み
　　つき，そこをモネンバシアと名付けた。なぜならここは入り口が1つしかな
　　かったからである。(Dujcev (ed.) 1976: 12-14)

　モネンバシアとは『モネンバシア年代記』にもあるように「1つの」（モノ）「入り口」（エンバシア）という意味で，細い砂州（現在は道路でつながっている）1カ所のみを通じてギリシア本土とつながる特徴的な地形の場所にあり，中世に都市が形成された島自体もかなり険しい地形である。モネンバシアは現在でも，陸路で向かうとスパルタから車で1時間半程度かかる（路線バスはさらに時間がかかる）遠くて不便な場所であり，だからこそスパルタを中心とするラコニアの人びとが避難先として選択したのだろう。

　一方でモネンバシアはエーゲ海や地中海の海上交易ルート上にあるため，単なる避難所としてだけでなく，地中海・エーゲ海交易の拠点都市として長く繁栄した。1204年の第4回十字軍以降，モネンバシアはさまざまな勢力によって支配されるようになり，近世にはヴェネツィアとオスマン帝国がその支配をめぐって争った。だが近代に入り，蒸気船や自動車，そして航空機といった新たな交通手段が発達していくとモネンバシアは交通の要衝という利点を失い，忘れられたかのようになっていった。それゆえ現在のモネンバシアには，中世〜近世の建築物や遺構が数多く残されている。

　都市は崖の上の上市と，崖の下の海に面した狭い場所に築かれた下市からな

モネンバシア上市

る。現在は上市に人は住んでおらず，下市（および砂州の対岸，ペロポネソス半島本土側）に集落が形成されている。下市には教会などさまざまな建物が残り，美しい街並みが形成されている。しかし迷路のように複雑で狭い街路しかないため，自動車は下市にすら入ることができない。

下市から崖に作られた狭い道を10分ほど登ると，上市の城壁の門に到達する。上市は崖の上の緩やかな斜面に作られており，城壁で囲まれている面積は下市（下市も崖側をのぞく三方に城壁がある）よりもかなり広い。上市に数多くの建物が建っていたことは現在でもよくわかり，かつての繁栄が偲ばれる。上市の建物のうち，現在でもよく残っているのが12世紀半ばに建設された聖ソフィア教会である。この教会は上市の北側の断崖絶壁に面して建てられている。この付近から眺めるエーゲ海の景色は，絶景というしかない。

モネンバシアは夏は遺跡，そして小さいが美しいビーチと海の幸を求めて観光客がやってくるが，その数もギリシアの有名な他都市と比べるとはるかに少なく，基本的には静かな港町である。先述したように交通の便も悪い。しかしそのような悪条件をものともせず，訪れたくなる魅力がこの町にはある。下市で中世の町に迷いこんだかのような感覚に陥るもよし，上市の廃墟とエーゲ海の絶景を見ながら物思いにふけるもよし，あるいはビーチでゆっくりと過ごし，海の幸を楽しむもよし。避難所として作られたモネンバシアは，現在でも日常生活に疲れた人びとの避難所になりうる場所である。

第2章

中世前半の地中海中西部

タオルミナの城塞から見る地中海

タオルミナはシチリア島東岸にある，古代から続く都市である。9世紀にアグラブ朝がシチリア島の征服を進めるが，タオルミナやシュラクサの位置する東岸部は長く抵抗を続けた。しかしその抵抗は902年にタオルミナが陥落したことにより，一旦終わりを告げることになる。

第2章関連年表

年	出　来　事
410	西ゴート人がローマを攻撃・略奪
439	ヴァンダル人がカルタゴを制圧
476	西のローマ皇帝ロムルス・アウグストゥルスが廃位される
507	ヴィエの戦いで西ゴート王国がフランク王国に敗北
534	ビザンツ帝国がヴァンダル王国を滅ぼす
568	ランゴバルド人がイタリア半島に侵入
589	第3回トレード公会議で西ゴート王国がアリウス派信仰を放棄
647	アラブ軍がカルタゴ総督のグレゴリオスを敗死させる
653	ローマ教皇マルティヌス1世らが逮捕される
698	カルタゴをアラブ軍が最終的に征服
711	アラブ軍がイベリア半島に侵入し，西ゴート王国が滅亡
740	北アフリカでベルベル人の大反乱が起きる
774	ランゴバルド王国がフランク王国によって滅ぼされる
800	アグラブ朝が成立（～909年）
827	アグラブ朝がシチリア島への侵入を開始
871	バーリのムスリム（イスラーム教徒）がフランク王国とビザンツ帝国によって排除される
880	イブン・ハフスーンの反乱が始まる
929	アブド・アッラフマーン3世がカリフを称する

1　ゲルマン人の地中海進出

ヴァンダル王国の成立

　比較的安定していた地中海東部とは異なり，地中海中西部の状況は5世紀から急速に変化していった。その契機となったのは西部におけるローマ帝国の崩壊である。410年にローマが西ゴート人によって攻撃・略奪されるが，ラヴェンナにいたホノリウス（在位395-423年）の政府に効果的な対応ができなかったことからもわかるように，すでに西方のローマ帝国（以下，西帝国）の皇帝や中央政府の権力・権威は大きく地におちていた。西帝国の権威はイタリア半島にほぼ限定されるようになり，イベリア半島やガリアなどにはゲルマン人の支配領域や地方政権が成立するようになっていった。そして5世紀後半までに地中海沿岸地域には，西ゴート王国とヴァンダル王国という2つのゲルマン系王国が成立する。

　西ゴート人は410年のローマの略奪後イタリア半島を荒らし，さらに西方へ移動してガリア南部を拠点とし，イベリア半島にも勢力を拡大していった。またヴァンダル人は409年にイベリア半島まで到達していたが，429年にゲイセリック（在位428-477年）の指導のもと，アラン人とともにジブラルタル海峡を渡って北アフリカに侵入した。これに対して東方のローマ帝国（以下，東帝国）から派遣された将軍アスパルがヴァンダル人・アラン人の動きを一時的に食い止めたものの，439年にカルタゴが陥落する。そして442年にはゲイセリックと西帝国の皇帝ウァレンティニアヌス3世（在位425-455年）が協定を結び，ゲイセリックとその配下の人びとによる北アフリカ支配が認められ，ヴァンダル王国が成立することになった。ヴァンダル王国はシチリア島やサルデーニャ島などにも進出し，地中海中西部における一大勢力となっていく。

　ヴァンダル王国の成立はローマ帝国にも大きな影響を及ぼすことになった。ヴァンダル王国は442年以降もしばしばローマ帝国に対して攻勢をおこない，455年にはローマを占領・略奪している。しかし特に西帝国にとって大きなダ

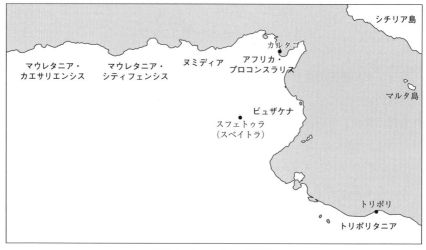

図 2-1　北アフリカの諸属州

出典：筆者作成。

メージとなったのは，ヴァンダル王国の成立によって西帝国が経済的支柱を失ったことであった。カルタゴを中心とする北アフリカ地域は，西帝国にとっては最大の税収源であると同時に，重要な穀物供給源でもあった。ヴァンダル王国が全体として敵対的な姿勢を取ったため，西帝国は税収の多くを失った。また，それを補える可能性のある地域だったイベリア半島などにも支配が及ばなくなっていた。これは，7 世紀のササン朝ペルシアやアラブの進出まで，シリア・エジプトを支配し続けることができた東帝国とは対照的である。もちろん西帝国も何ら対応しなかったわけではなく，東帝国の支援を受けつつ何回かヴァンダル王国遠征を実施するが，いずれも失敗に終わっている。西方におけるローマ帝国の消滅の理由についてはさまざまな見解が出されているが，ゲルマン系の諸王国，特に北アフリカにヴァンダル王国が成立した結果，帝国の経済的な基盤が失われたことは無視できないだろう。

ベルベル人の諸部族

だが，ヴァンダル王国の支配が，北アフリカでかつてローマ帝国が支配して

いた地域全体に及んだわけではなかった。ヴァンダル王国が支配できたのは，カルタゴ周辺の属州アフリカ・プロコンスラリスやビュザケナ，ヌミディアなどを中心とした沿岸部にとどまっていた。内陸部はローマ化がある程度進んでいた原住民（いわゆるベルベル人）の諸部族が支配していた。そうした諸部族の支配者のなかには「王」や「皇帝」を自称する者もいた。例えば，かつて属州マウレタニア・カエサリエンシスに属していたアルタヴァという地で発見された6世紀初頭の碑文では，アルタヴァ地域の支配者であったマスナという人物が「マウルス人（＝ベルベル人）とローマ人の部族の王」*Reg(is) Masunae gent(ium) Maurorum et Romanorum* とされている。

　こうしたベルベル人の支配者は，旧ローマ領に居住していた定住民をも支配下に置いていたのであり，ヴァンダル王国やその他のゲルマン系諸王国とよく似た性格を持っていたといえる。したがって5世紀以降の北アフリカは，アフリカ外からやってきた勢力＝ヴァンダル王国が支配する沿岸部と，ベルベル人の諸王国が支配する内陸部という構造を持つようになった。そしてその双方とも，古代ローマ帝国の文化的・政治的影響を強く受け，その伝統や遺産をある程度受け継ぐ存在だった。

東ゴート王国のイタリア支配

　ヴァンダル王国の成立後，イタリアで西帝国はなお30年あまり命脈を保った。455年にウァレンティニアヌス3世が没した後，西帝国の実質的なかじ取りをおこなっていたのは，456年にシチリア島でヴァンダル王国に対して勝利を収めた軍司令官リキメルであった。また東帝国も，西帝国に対する影響力を持ち，アンテミウス（在位467-472年）のようにコンスタンティノープルから「派遣」された皇帝もいた。西帝国の帝位はリキメルと東帝国の力関係によって左右され，皇帝の存在自体も必ずしも不可欠ではなくなっていた（実際，465-467年のように1年以上にわたって空位になる時期もあった）。476年にラヴェンナで皇帝ロムルス・アウグストゥルス（在位475-476年）が廃位されたことを現在では一般に「（西）ローマ帝国の滅亡」とするが，同時代の人びとに特に大きな事件

とは認識されなかったのも当然であった。

イタリア半島は493年以降，東ゴート王国の支配下に入った。東ゴート王国もラヴェンナを首都とした。ラヴェンナは5世紀初頭にホノリウス帝がメディオラヌム（現ミラノ）から宮廷を移して以来，イタリアにおける政治の中心地としての地位を確立していた。これは，ラヴェンナがポー川河口部に近い湿地帯に位置して陸上からの攻撃に対して防衛が容易だったこと，そして港（クラッセ港）を通じてアドリア海，そして東地中海と連絡していたこと，またポー川流域の肥沃な平野部（ロンバルディア平原）を後背地としていたことなどが挙げられよう。5世紀以降，ラヴェンナやクラッセにはガッラ・プラキディア廟やサンタポリナーレ・イン・クラッセ教会など，美しいモザイクなどを備えた数多くの教会や建築物が建てられ，現在でもその繁栄を偲ぶことができる。

2　ユスティニアヌス1世の再征服

6世紀初頭の地中海中西部では，イタリア半島に東ゴート王国，イベリア半島に西ゴート王国，北アフリカの沿岸部にヴァンダル王国，そして内陸部にベルベル人の諸王国が成立し，併存する状況になっていた。だがこのような状況は，530年代から大きく変化していった。

変化の第1の要因は，フランク王国の勢力拡大である。フランク王国は507年にヴィエの戦いで西ゴート王国を破り，アキテーヌ地方を勢力圏に収めた。そして530年代にはブルグント王国を併合して，その勢力がガリア南部に本格的に及ぶようになった。フランク王国はさらに北イタリアへの進出も何回か試みるようになる。

第2の要因が，ユスティニアヌス1世（在位527-565年）時代のビザンツ帝国の進出である。ユスティニアヌス1世は名将ベリサリウス率いる軍を北アフリカに送り，534年にはヴァンダル王国を滅ぼした。シチリア島やサルデーニャ島などもすぐにビザンツ帝国の支配下に入る。次にユスティニアヌス1世は東ゴート王国の併合をめざした。だがヴァンダル王国とは異なって東ゴート王国

の抵抗は激しく，戦いは550年代半ばまで続く。ユスティニアヌス1世はイベリア半島にも軍を送り，南東沿岸部を支配下に収めた。

　とはいえ，ユスティニアヌス1世の再征服によって地中海中西部でビザンツ帝国が圧倒的な優位を確立したわけでは決してなかった。北アフリカではヴァンダル王国の併合には成功したものの，内陸部のベルベル人を支配下に組み入れることには成功していない。つまり内陸部のベルベル人と沿岸部の外部勢力，という二重構造は変わらなかった。ベルベル人はしばしばビザンツ領の北アフリカに対する攻撃をおこない，544年には北アフリカを統括していたアフリカ道長官ソロモンが戦死するといった事件も起きている。6世紀中盤以降ベルベル人との戦いは徐々に沈静化していくが，その後も脅威は続いた。北アフリカでは諸都市などを中心に防備の強化が進められ，また6世紀末に総督府がカルタゴに設置される要因の1つとなった。

　イタリアでは，東ゴート王国との戦いが長期化したため，多くの地域が大きなダメージを受けることになった。またそのダメージから回復する余裕もないまま，568年からはランゴバルド人がイタリア半島に侵入してくる。ランゴバルド人は北イタリアを中心として急速に勢力を確立し，また中南部にも支配領域を形成した（スポレート候領，ベネヴェント候領）。ランゴバルド勢力が徐々に勢力を拡大していく一方で，イタリア半島本土におけるビザンツ帝国の支配領域はローマやラヴェンナ，ナポリといった主要都市とその周辺地域などに限られていくようになった。

　また上述したようにイベリア半島では，ビザンツ帝国が再征服できたのは一部沿岸部にとどまっていた。したがって，6世紀後半以降の地中海中西部においてビザンツ帝国の支配が及んでいたのは，シチリア島やサルデーニャ島のような島々を別にすると，主要な都市と沿岸部の一部に限られていたといってよい。沿岸部や地中海の島々をビザンツ帝国が支配する一方で，内陸部はランゴバルド，西ゴート，フランクといったゲルマン系諸王国や，ベルベル人の諸王国が支配する，という状況となっていった。これは東地中海の状況とも類似している。第1章で述べたようにバルカン半島ではアヴァール人やスラヴ人が進

出し，またシリア・パレスティナ地域ではアラブ人の活動が活発で，小アジアを別にするとビザンツ帝国の支配が及んでいたのは沿岸部・島嶼部が中心になっていた。6世紀は内陸部に対するビザンツ帝国の影響力が大きく後退する一方で，沿岸部や島々に対する支配や影響力が地中海西部にまで及んだ時期ということもできるだろう。

　しかし，地中海世界の経済的一体性はなお維持されていた。6世紀中盤以降の地中海世界での経済活動や交易活動がどの程度の規模だったのかについてはさまざまな見解があるが，北アフリカを生産地とする赤色土器（ARS＝African Red Slip）が東地中海域を含む広い地域で発見されており，地中海交易の（少なくとも一定規模の）継続がうかがえる。またキュプリアヌスやペルペトゥア，アウグスティヌスといった北アフリカ出身の聖人に対する崇拝も，イタリア半島やイベリア半島の沿岸部などから徐々に浸透しており（一方で，フランク王国支配領域ではこれらの聖人への崇拝はなかなか定着・拡大しなかった），北アフリカとイタリア半島，イベリア半島との人的交流をうかがわせる。

3　6世紀後半〜7世紀前半の状況

　ユスティニアヌス1世治世から，東方ではビザンツ帝国とササン朝ペルシアとの戦いが断続的に連続していた（第1章参照）。またバルカン半島でも6世紀後半からはアヴァール人がドナウ川を越えてバルカン半島に侵入してくるようになる。そのため，ビザンツ帝国はユスティニアヌス1世時代のように西方に軍事力を振り向ける余裕がなくなりつつあった。このようなビザンツ帝国の状況は，イタリア半島におけるランゴバルド王国，そしてイベリア半島における西ゴート王国にとっては有利に作用するものであった。

　西ゴート王国は上述した507年のヴィエの戦いでフランク王国に大敗し，アキテーヌ地方を失ってから長期にわたる混乱期が続き，一時は東ゴート王のテオドリックが事実上西ゴート王国を支配する状況にすらあった。またビザンツ帝国の勢力がイベリア半島にまで及んだことが，西ゴート王国にとってはきわ

めて大きな脅威となった。そのため6世紀後半のレオヴィギルド（在位568-586年）と息子のレカレド（在位586-601年）の時代以降，西ゴート王国は国家制度の整備を進め，イベリア半島北西部にあったスエヴィ人の王国をも併合した。王国の中心都市としてのトレードの整備も進んだ。また589年の第3回トレード公会議では，アリウス派の信仰が放棄された。ビザンツ帝国に奪われたイベリア半島南東沿岸部の奪回に向けた軍事遠征も繰り返しておこなわれるが，これらの地域の再併合に成功するのは620年代を待たなければならなかった。

　イタリアでは，ランゴバルド王国の支配は初期にはなお不安定であり，イタリア侵入時の国王アルボイン（在位565頃-572年）が暗殺されるなど，内部対立も激しかった。またビザンツ側の反撃も時折おこなわれている。おそらく580年代にラヴェンナに総督府が設置され，590年には総督（エクサルコス）のロマヌスがフランク王国と共同作戦をおこなってランゴバルド王国を攻撃し，一定の成果をあげた。しかしランゴバルド王国の攻撃もアギルルフ（在位590/91-616年）の治世には激しくなる。アギルルフはアヴァール人とも同盟を結んでビザンツ軍と戦った。しかしビザンツとは605年に休戦協定を結び，フランク王国とも608年，611年に和平を結んでいる。

　イタリア半島に対してコンスタンティノープルの皇帝から十分な補給や増援がおこなわれることはなかった。そのためラヴェンナの総督はランゴバルド勢力に対して苦しい戦いを強いられた。また行政機構も十分に機能することが困難な状況にあった。そのため各地の司教や有力者，あるいは軍司令官などが行政においても一定の役割を果たさざるをえなくなる。そして7世紀になると，こうした人びとが徐々に各地で自立化していった。

　こうした動きと並行して，ローマの元老院，そして元老院議員家門が姿を消していく。ローマの元老院の活動が最後に確認できるのは，皇帝ティベリウス2世（在位578-582年）に対して元老院が使節を派遣した時である。その後も元老院議員の存在は時折確認できるものの，元老院自体の確実な活動はもはや見いだせない。ローマのフォルムの一角にあった元老院議場も，教皇ホノリウス（在位625-638年）が教会に転用している。この時期に生き残っていた元老院議

員も，多くはシチリア島や南イタリア，あるいはラヴェンナなど，比較的安全
な場所へと移住していった。

4　アラブの拡大と地中海中西部

北アフリカの征服

　第1章で述べたように，アラブは630年代から急拡大を開始した。エジプト
も642年にビザンツ帝国の軍や官僚が撤退し，アラブの完全な支配下に入った。
アラブの勢力は同年のうちにキレナイカ地方（リビア東部沿岸部）にまで及ぶ。
だが，キレナイカ地方より西への進出には時間を要した。アラブ軍は647年に
はエジプトから西進した。当時北アフリカで皇帝を称していたカルタゴ総督の
グレゴリオスは，自ら軍を率いてアラブ軍と対峙したが，スフェトゥラ（スベ
イトラ）近郊で敗北して戦死した。勝利後アラブ軍は北アフリカを荒らしたが，
現地の有力者の求めた和平に応じ，多額の貢納金などを得てエジプトに帰還し
た。だがこの後しばらく，エジプト以西のビザンツ領へのアラブの侵攻はおこ
なわれなくなる。

　攻撃が本格化するのは660年代で，トリポリタニア，ビュザケナ（チュニジ
ア南部）などが徐々にアラブ支配下に入っていった。670年には前線の拠点と
してカイラワーン市も建設された。しかしその後，アラブの攻勢は再び停滞し
た。683年にはウクバ・ブン・ナーフィゥ率いるアラブ軍が大西洋岸付近まで
遠征を敢行するが，その帰途にビザンツとベルベル人の連合軍の迎撃を受けて
敗死した。アラブはカイラワーン市をも放棄して，一時キレナイカ地方にまで
撤退した。

　このように，北アフリカでのアラブの攻勢はゆっくりとしたものであり，し
かも650年代や680年代のように動きが緩慢になる時期もあった。このような状
況の背景には，いくつかの要因がある。第1に，アラブで内乱（656-661年，
683-692年）が起きていた時期には，アラブの攻勢は停滞した。第2に，640年
代はアラブは東方でササン朝ペルシアとの戦いに大きな力を振り向けており，

ビザンツ帝国との戦いに十分な軍事力を振り向けることができないでいた。647年の北アフリカ攻撃の後，貢納などを得ただけでアラブ軍が撤退したのは，本格的な征服活動をおこなう余裕がなかったことの裏返しでもあろう。

　そして第3に，北アフリカにおける脅威がビザンツ帝国だけではなかったことも無視できない。これまで述べてきたように，沿岸部を支配していたヴァンダル王国やビザンツ帝国と並行して，内陸部にはベルベル人も存在していた。アラブはベルベル人の服属をめざしていて，640年代からトリポリタニア内陸部のベルベル人に対する遠征もおこなっている。そして660年代にビザンツ領の北アフリカへの攻勢を再開した時には，アラブ軍にはトリポリタニア内陸部出身のベルベル人が加わっていた。そして670年に建設されたカイラワーン市も，ヌミディアやマウレタニアなど，カルタゴ以西の北アフリカ内陸部へ進出するための前線基地としても機能する地点に建設されている。683年にウクバ・ブン・ナーフィゥを敗死させたベルベル人の君侯クサイラ（カシラ）も，670年代に一旦はアラブに服属しており，ベルベル人に対してアラブがさまざまな方法を通じて働きかけをおこなっていたことを示している。つまりアラブは北アフリカ征服にあたって，沿岸部のビザンツ帝国と内陸部のベルベル人の支配領域の双方を支配下に収めようとしており，原住民であるベルベル人の服属を優先させていたということができる。ベルベル人に対する支配がある程度進展してから，沿岸部のビザンツ支配領域への攻撃を本格化させているのである。アラブのこのような戦略は基本的には成功を収め，8世紀初頭までにアラブは北アフリカの征服に成功した。ビザンツ帝国の拠点であったカルタゴも698年に陥落している。

　だが，常にアラブの戦略が成功していたわけではなかった。沿岸部のビザンツ帝国と内陸部のベルベル人の双方と対峙するのはかなり困難であり，ベルベル人もアラブの支配を簡単に受け入れたわけではなかった。一旦は服属したクサイラが裏切ってビザンツ帝国と結んだことはその一例である。また，後述するように皇帝コンスタンス2世（在位641-668/69年）はシチリア島で艦隊を建設した。シチリア艦隊をはじめとするビザンツ艦隊は670年代からアラブに対

する攻勢を強め，また北アフリカに対して海から後方支援・補給をおこなった。アラブの北アフリカ攻撃の拠点であるエジプトやキレナイカに対しても，ビザンツ艦隊はしばしば攻撃をおこなった。アラブ艦隊もしばしば反撃をおこなっているが，7世紀の間は大きな成果をあげたとはいいがたい。

イベリア半島・ガリアへの進出

とはいえ，カルタゴを陥落させて北アフリカの沿岸部を手中に収めた結果，アラブは地中海中西部への進出が可能になった。アラブはカルタゴ近郊のチュニスを拠点とし，新たな艦隊もチュニスに置いた。チュニスのアラブ艦隊は8世紀初頭から活動を開始し，シチリア島やサルデーニャ島などがその脅威を受けることになる。また地中海中西部でアラブ艦隊が活動できるようになった結果，イベリア半島へのアラブの進出が可能になったともいえる。

かくして，710年頃に北アフリカにおけるビザンツ帝国最後の拠点セプテム（セウタ）を占領してすぐ，711年からアラブはジブラルタル海峡を越えてイベリア半島への侵入を開始した。西ゴート王国では7世紀を通じて王位をめぐる対立が断続的に起きていたが，710年にウィティザ（在位702-710年）が没した後は内戦状態に陥っていた。アラブ軍はこのような状況も利用してイベリア半島を急速に征服していった。西ゴート王国の貴族のなかには侵入してきたアラブ軍に降伏し，協定を結んで地位を維持する者もいた。侵入者も現地の女性などと結婚するようになり，結果として西ゴートの有力貴族との血縁関係なども形成されていく。アラブは710年代末までにイベリア半島の大半の地域を征服し，さらにガリア南部への侵入も開始した。ただしガリアへの進出は大きな成果をもたらさず，前線の拠点だったナルボンヌも759年に喪失した。

不安定な支配

このように7世紀末以降の四半世紀あまりで，アラブの勢力はチュニジア南部からピレネー山脈まで急速に拡大した。しかしその支配が安定していたとは必ずしもいいがたい。北アフリカを統括するイフリーキーヤ総督，およびイベ

リア半島を統括するアンダルス総督の力は，東方のウマイヤ朝中央の政情の影響を受けることなどもあって不安定であった。また北アフリカではベルベル人の動向も不安定要因として残っていた。ベルベル人はイベリア半島征服の際にも多数参加するなど，大きな役割を果たしている。だが彼らが完全に服属したとは，8世紀前半の段階ではまだいうことはできなかった。ベルベル人は名目上はムスリム（イスラーム教徒）となり，納税などもおこなってはいた。にもかかわらず，ウマイヤ朝の支配はヴァンダル王国やビザンツ帝国と同様，現実的には沿岸部にとどまっていた。

　アラブ世界全体でも，730年代に入ると征服活動が停滞し，アラブ軍も各地でしばしば敗北を喫するようになっていた。北アフリカでは740年にベルベル人の大反乱が勃発した。カリフのヒシャーム（在位724-743年）はクルスーム・ブン・イヤードをイフリーキーヤ総督に任じ，大軍を委ねて反乱を鎮圧しようとしたが，741年にワーディー・サブーでクルスーム・ブン・イヤード自身が戦死する大敗北を喫した。この敗北は決定的で，ウマイヤ朝はカイラワーン市の維持にすら苦労するようになる。

　ベルベル人の大反乱の影響は大きく，その後長期にわたって北アフリカにおけるアラブ支配は大きく混乱した。またワーディー・サブーの戦いなどによって精鋭のシリア軍が消耗し失われていった結果，ウマイヤ朝を支えていた軍事力が崩壊し，また敗北の連続によってウマイヤ朝による支配の正当性にも疑念を持たれることになった。ベルベル人の反乱以前からウマイヤ朝支配にはほころびが見えていたが，ベルベル人の大反乱はウマイヤ朝支配の終わりを告げる号砲でもあった。

　イベリア半島では，東方から派遣されてきた軍隊間の対立などもあって740年代初頭に政情が混乱するが，イフリーキーヤ総督の命を受けて派遣されたアブー・アル・ハッタールが一定の秩序の回復には成功している。しかし状況が不安定であったことには変わりがなかった。

5 イタリア半島と中西部地中海の島々

イタリア半島とシチリア島

　ランゴバルド王国は，ロタリ（在位636-652年）の治世に再びビザンツ領への積極的な攻勢を再開した。彼の治世にリグリア地方などがランゴバルド支配下に入る。ロタリ王は643年に『ロタリ王の法典』を発布するなど，内政面での成果でも知られる王である。ただ7世紀のランゴバルドの攻勢は6世紀のものほどコンスタントなものではなく，各地での小規模な侵攻・略奪が中心となっていた。そのためこのような侵攻に対抗するため，ビザンツ支配領域では各地に駐屯している軍や各地域のローカルな有力者の果たす役割が徐々に増していく。その一方で，ラヴェンナ総督の発言力・統制力は次第に後退していった。ラヴェンナ総督は，653年にはローマ教皇マルティヌス1世（在位649-653年）を逮捕してコンスタンティノープルに送るほどの実力を保持していた。しかし7世紀末にはそのような実力はもはや失っており，8世紀に入ると総督は各地の軍司令官（ドゥクス）の任免権も事実上失って，追認をおこなうのみになっていたようである。8世紀にラヴェンナ総督が支配できたのはラヴェンナとその周辺部のみであり，ランゴバルド王やローマ教皇との交渉や妥協などを通じて，その地位を何とか維持するようになっていた。

　ラヴェンナに代わってビザンツ帝国の西方支配の拠点となっていったのが，シュラクサであった。シュラクサのあるシチリア島には古くからギリシア植民市などが存在していたが，6世紀以降バルカン半島にアヴァール人やスラヴ人が侵入・定住してきた結果，バルカン半島からギリシア語話者の住民が避難してきた可能性もあり（コラム①参照），ギリシア的要素がさらに強くなっていた。また戦乱の続くイタリア半島本土からの避難者がいたことに加え，6世紀のユスティニアヌスの再征服の時にも大きな被害を受けていなかったこともあり，経済的にも富裕であった。7世紀にはローマ教皇やラヴェンナ大司教の大所領もシチリア島にあり，その財政を支えていた。ビザンツ帝国にとっても，シリ

ア・エジプト地域を喪失した後は特に,
シチリア島は貴重な税収源となっていた。

　シチリア島,そしてシュラクサにとっ
て大きな画期となったのは,コンスタン
ス2世のシュラクサ移動であった。おそ
らく662年秋にイタリア半島に上陸した
コンスタンス2世は,663年にローマに
入り,12日間滞在した後にナポリを経て
シュラクサに移った。そして668/69年に
シュラクサで暗殺されるまでこの地にと
どまった(**図2-2**)。コンスタンティノー

図2-2　シュラクサ,コンスタンス2世が暗
殺されたという浴場跡

プルにはコンスタンス2世の息子で共同皇帝のコンスタンティノス4世(在位
668/69-685年)が残っていたので,660年代にはビザンツ帝国はコンスタンティ
ノープルとシュラクサに宮廷が並立する状態となっていた。コンスタンス2世
がシチリアでおこなったことについては不明な点が多いが,新税を課して艦隊
を創設するなどしていたようである。西方におけるシチリア島・シュラクサの
地位はコンスタンス2世の没後も保持され,9世紀までビザンツ帝国の西方支
配の拠点として機能し続ける。

ローマとローマ教皇

　ローマ市の政治的地位も再び上昇した。ローマ教皇は7世紀にはコンスタン
ティノープルの皇帝やコンスタンティノープル総主教と,接近と対立を繰り返
していた。特に焦点となったのが,ヘラクレイオス帝が積極的に推し進めた非
カルケドン派信徒との統合策であった。ヘラクレイオス帝やコンスタンティノ
ープル総主教セルギオス(在位610-638年)らは非カルケドン派との教会合同を
進めようとしたが,修道士でイェルサレム総主教となったソフロニオスらの反
対を受けた。636年(あるいは638年)の『エクテシス』によって一定の合意が
成立したものの,640年代に入るとソフロニオスの影響を受けた修道士マクシ

モスらが,『エクテシス』での合意を単意論として激しく批判するようになる。マクシモスはパレスティナ出身で,630年代にパレスティナ地域がアラブの攻撃を受けると北アフリカに避難していた。さらに640年代後半にはローマに移り,教皇テオドルス（在位642-649年）やマルティヌス1世らとともに単意論批判,さらには皇帝批判を繰り返していた。彼は単意論を批判した649年のラテラノ教会会議で大きな役割を果たしたほか,646年の北アフリカでのグレゴリオスの反乱や651年頃に起きたラヴェンナ総督のオリンピオスの南イタリア進軍（おそらく反乱）などにも関与していた可能性が高い。

　マクシモスやマルティヌス1世が653年に逮捕された後も,ローマ教皇と皇帝との緊張関係は断続的に続いた。このような状況下,ローマ教皇は徐々に皇帝からの自立化傾向を強めていく。ラヴェンナ総督の実力が後退していったこともあり,ローマ教皇は7世紀末までにはローマ市とその周辺部における政治的地位をある程度確立させていた。8世紀前半にはイタリア半島における皇帝レオン3世（在位717-741年）の財政政策への反対・抵抗などもあり,自立化傾向はさらに強まっていった。こうした展開から,754年のいわゆる「ピピンの寄進」などを経て,中世のローマ教皇領が成立していく。

　また,この時期のローマをはじめとするイタリアに,東方からの避難民がいたことにも触れておきたい。アラブのシリア・エジプト征服によって,かなりの数の住民が故郷を離れて各地に避難してきていた。避難民はコンスタンティノープルや小アジアなどにも移住していたと思われるが,北アフリカやイタリア半島にも移住してきていた。パレスティナから北アフリカ,そしてローマに移住したマクシモスはその一例である。またローマ教会の有力者にも,この時期には東方出身者が目立つ。7世紀後半〜8世紀前半のローマ教皇にシリアなどの東方出身者が連続することはそれを示すものである。小アジア南東部のキリキア地方出身で,アンティオキアやアテネ,コンスタンティノープルなどで学問を修めたタルスース（タルソス）のテオドルスは,マクシモスと同様にローマに逃れてきた後,ローマ教皇によって668年にカンタベリー大司教に任じられ,ブリテン島に赴いている。テオドルスの長い旅路は,7世紀の地中海世

図2-3　トゥッリス・リビソニス出土碑文

界の激動を物語るものといえるだろう。

サルデーニャ島

　徐々にビザンツ帝国の支配から離れていったイタリア半島とは異なり，地中海中西部の島々はビザンツ帝国やコンスタンティノープルとの結びつきを保持していた。すでに述べたようにシチリア島はビザンツ帝国の西方支配の拠点となっていたので当然としても，サルデーニャ島やバレアレス諸島など，他の島々もこれまで想定されていた以上にビザンツ帝国との結びつきが維持されていたことが，近年の研究によって明らかになりつつある。

　サルデーニャ島は６世紀のユスティニアヌス１世による再征服以来，北アフリカ（やイベリア半島）と同一の行政区画を形成しており，イタリア半島やシチリア島とは別個の行政区画となっていた。その状況は698年にカルタゴが陥落した後も変わらない。８世紀以降のサルデーニャ島には，少なくとも９世紀前半までは軍が配置されていた。ドゥクスやアルコンといった主要官職に就任しているのはコンスタンティノープルから送られた人物ではなく，基本的には現地の有力者だったと思われる。このような状況は同時代のイタリア半島と大きく変わらない。だがサルデーニャ島の有力者たちはビザンツ帝国中央との結びつきを非常に強く意識していたようである。それをよく示すのが，島北部のトゥッリス・リビソニス（現ポルト・トーレス）出土の，８世紀中盤に作成さ

れたと思われる碑文（**図 2-3**）である。この碑文では洗練されたギリシア語で，サルデーニャのドゥクス（かつ，ヒュパトスという中位の位階を持っている）コンスタンティノスという人物が，イタリア半島から襲撃してきた蛮族＝ランゴバルド人を撃退したことが記されている。印章などでギリシア語を使うという慣習はこの後も長く受け継がれ，11世紀以降まで続いている。また聖人伝の記述から少なくとも 9 世紀まで，サルデーニャ島の有力者たちはギリシア語を話すことができたらしいこともわかる。

　もちろん時を経るにつれて，島の自立性は強くなっていった。しかしビザンツ帝国の政治的・文化的伝統は長く受け継がれ，有力者たちもビザンツ帝国とのつながりを自分たちの正当性のよりどころとしていたのである。10世紀になるとギリシア語で「カラリス（現カリアリ）地域のアルコン」「アルボレア地域のアルコン」と書かれた印章が確認できるようになる。11世紀以降，サルデーニャ島にはカリアリ，アルボレア，トーレス，ガッルーラという 4 つの王国（ジュディカーティ）が成立するが，これらの王国との連続性も研究していく必要性があるだろう。

バレアレス諸島

　バレアレス諸島は北アフリカやイベリア半島がアラブの支配下に入った後もビザンツ帝国の領域を構成しており，艦隊も存在していた。7 世紀には西ゴートの艦隊とバレアレスのビザンツ艦隊が戦ったこともあった。バレアレス諸島もサルデーニャ島とよく似た状況にあったが，ビザンツ帝国中央との距離がさらに大きいため，現地の有力者の自立性がいっそう強く作用した。サルデーニャ島と同様，バレアレス諸島でも 8 世紀以降の印章から，ビザンツ帝国による支配が（形式的にせよ）存続していたことがわかる。またビザンツ帝国の貨幣が 9 世紀まで流通していたようである。

　イベリア半島やガリアに近いという地理的条件から，バレアレス諸島はイベリア半島の後ウマイヤ朝の他，フランク王国の影響を受けることもあった。そのため，バレアレス諸島の有力者たちは 8 世紀後半以降，状況に応じてフラン

ク王国や後ウマイヤ朝とも交渉して，一定の従属を受け入れることもあった。例えば後ウマイヤ朝のアブド・アッラフマーン２世（在位822-852年）はバレアレス諸島に艦隊を送って，住民たちに貢納を支払わせている。このような状況は，地中海の反対側のキプロス島の状況（第１章参照）とも比較できるものである。一方で後述するように後ウマイヤ朝はアッバース朝やアグラブ朝～ファーティマ朝との対抗関係から，ビザンツ帝国と全面的な対決姿勢を取るのを控えていた。そのためバレアレス諸島（やサルデーニャ島）に対して，全面的な攻撃をおこなうことはほとんどなかった。最終的にはバレアレス諸島は，おそらく10世紀初頭に（ビザンツ帝国との交渉の結果？）後ウマイヤ朝の支配下に完全に編入されることになる。

6　ムスリムの地中海進出

北アフリカの諸王朝

　すでに述べたように北アフリカは740年以降，ベルベル人の大反乱に悩まされる。その影響は長く続いたが，８世紀末までには落ち着きを取り戻し，アグラブ朝が成立した。アグラブ朝はアッバース朝のカリフの権威を認めつつ，事実上の独立国家としてふるまった。一方で北アフリカ内陸部には８世紀後半にルスタム朝が成立した。ルスタム朝はハワーリジュ派の一派であるイバード派を奉じ，スンナ派のアグラブ朝とは宗教的な点でも差異があった。ルスタム朝の君主は支配領域内の各部族の調停者としての役割も強く，ベルベル人の諸部族の自立性がなお保持されていた。つまり９世紀になっても，内陸部と沿岸部という北アフリカの二重構造はなお残存していた。またルスタム朝よりも西，モロッコ地域には第４代正統カリフ，アリーの子孫のイドリースによってイドリース朝も成立した。イドリース朝やアグラブ朝との対抗の意味もあり，ルスタム朝はイベリア半島の後ウマイヤ朝と友好的な関係を形成していた。

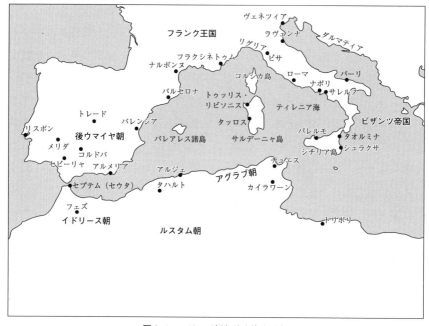

図 2-4　アグラブ朝と地中海中西部

出典：筆者作成。

アグラブ朝のシチリア島進出

　アグラブ朝は827年からシチリア島への侵入を開始した。アグラブ朝は831年にパレルモを征服すると，パレルモを拠点として次第にシチリア島での支配を拡大していき，878年にはシュラクサも征服した。9世紀以降パレルモはシチリア島の中心都市として発展していき，古代以来中心都市だったシュラクサにとって代わることになる。

　ビザンツ帝国は，シチリア島の救援のためにしばしば艦隊や軍を送った。だがクレタ島奪回のための作戦などをも強いられていた（第1章参照）こともあって苦戦し，902年には最後の拠点都市となっていたタオルミナを失った。しかしビザンツ帝国がシチリア島の奪回・保有をあきらめたわけではなく，10世紀前半にはタオルミナなどシチリア島の東部を奪回し，10世紀後半まで保有した（Prigent 2010）。11世紀に入ってからも，ゲオルギオス・マニアケスの率い

る軍が1038年にメッシーナやシュラクサを一時的に奪回している。

　シチリア島がムスリムの手中に落ちたことの影響は，非常に大きかった。同時期にムスリム支配下に入ったクレタ島とともに，地中海交通の要路をムスリムが支配するようになった結果，インド洋や中央アジアなどに広がるイスラーム世界の交易ネットワークと地中海が本格的に連結することになったからである（第1章・第6章参照）。ピサやジェノヴァも，この時期から地中海中西部で交易活動をはじめていく。またクレタ島やイベリア半島と同様に，シチリア島にイスラーム世界の先進的な農業技術が導入されたことも無視できない。シチリア島の農業は11世紀，ノルマン人がシチリア島を征服し，シチリア王国が成立した後も，その繁栄を支えていくことになる。

南イタリアなどの状況

　アグラブ朝以外のムスリムの活動も活発であった。第1章で述べたようにイベリア半島出身のムスリムはクレタ島を征服した。また別の集団は南イタリアに進出してバーリとその周辺を支配した。ナポリ前面にあるイスキア島や，プロヴァンス地方のフラクシネトゥムも，ムスリムの海賊の拠点となった。フラクシネトゥムのムスリムはアルプス地域まで進出し，イタリアとドイツ・フランスとの交通に大きな脅威を長期にわたって与えることになった。さらに，ナポリやサレルノ，アマルフィといった南イタリアの諸勢力は，状況によってはバーリのムスリム勢力や，北アフリカのアグラブ朝と同盟や友好関係を結ぶこともあった。サルデーニャ島でも殉教者伝の記述や発掘成果などからすると，10世紀に西部のタッロス周辺にムスリムの拠点があった可能性がある。

　ただし南イタリアでは，ビザンツ帝国の反撃が一定の成果をあげている。皇帝バシレイオス1世（在位867-886年）はフランク王国のルイ2世（在位855-875年）と同盟して，バーリを拠点とするムスリムの支配領域を排除することに成功した。またルイ2世没後の混乱なども利用しつつ，南イタリアに名将ニケフォロス・フォーカスを派遣して，南イタリアにおけるビザンツ帝国支配領域を拡大・安定させることにも成功している。

ファーティマ朝

　アグラブ朝は909年に，ファーティマ朝によって滅ぼされた。ファーティマ朝は北アフリカで支持をひろげていた，シーア派の一派であるイスマーイール派の活動から生まれた。そしてアッバース朝に対抗してカリフを称し，東西に勢力を拡大しようとした。特にエジプトへは繰り返して攻撃をおこなっている。アッバース朝やイフシード朝の抵抗・反撃も強かったためエジプト征服には時間を要し，969年にようやくエジプトを征服した。

　ファーティマ朝は地中海にも進出し，イタリア半島にも攻撃をおこなった。例えば934年にはジェノヴァとサルデーニャ島を艦隊で攻撃している。さらにファーティマ朝は，イベリア半島の後ウマイヤ朝とも激しく対立した。ファーティマ朝が勢力を拡大していく時期，後ウマイヤ朝もアブド・アッラフマーン3世（在位912-961年）のもと，最盛期を迎えつつあった。後ウマイヤ朝も北アフリカに進出し，モロッコ地域を中心としてファーティマ朝と衝突した。またファーティマ朝の艦隊は後ウマイヤ朝の艦隊の拠点であるアルメリアなどを攻撃し，地中海西部でもファーティマ朝と後ウマイヤ朝は激しく衝突した。後ウマイヤ朝はファーティマ朝に対抗する目的もあって，地中海の反対側でファーティマ朝と対立するビザンツ帝国との連携を強めていく（第1章参照）。

　ファーティマ朝は北アフリカ内陸部のルスタム朝をも征服した。旧ルスタム朝支配地域やトリポリ地域などでは10世紀前半を中心にベルベル人の反乱や反抗が続き，彼らの統合・支配には一定の時間を要した。しかしファーティマ朝の時代になってようやく，北アフリカにおける沿岸部と内陸部の二重構造は（少なくとも表面的には）姿を消すことになった。

　ただしエジプトの征服後，ファーティマ朝のカリフはカイロに移住し，国家の重心が東方に移動した。そのため北アフリカやシチリア島は，ズィール朝やカルブ朝などの地方政権が支配するようになっていく。

7　フランク王国とローマ教皇

　9世紀にはフランク王国も地中海中西部で存在感を強めていた。よく知られているように，フランク王国では7世紀末以降カロリング家が大きな力を持つようになり，ついに751年にはメロヴィング家に代わってピピン（在位751-768年）が王位についた。ピピンはローマ教皇の求めに応じてイタリアへの遠征をおこない，ランゴバルド王国の勢力を牽制した。ランゴバルド王国はラヴェンナ総督の実力が大きく後退したこともあり，8世紀に入ると北イタリアでの領域拡大を再開していた。そしてついに751年に，ラヴェンナを征服することに成功した。ランゴバルド王国はローマ教皇が実質的に支配している領域にも勢力を拡大しようとしていたため，ローマ教皇はピピンと結んでランゴバルドの勢力拡大を抑えようとしたのである。しかしピピンの遠征後もランゴバルド王国の脅威が完全にやむことはなかった。そのため最終的にはピピンのあとを継いだカール（在位768-814年）が774年にランゴバルド王国を滅ぼし，北イタリアを併合した。ローマ教皇との結びつきはさらに強固になり，800年のクリスマスにはカールが教皇から「ローマ皇帝」として戴冠された。

　こうして，フランク王国の勢力がイタリア中部や，すでにロタリ王時代にランゴバルド王国領となっていたコルシカ島にまで広がったことによって，フランク王国は地中海中西部やアドリア海にも進出するようになった。9世紀初頭にはヴェネツィアの支配をめぐってビザンツ帝国との緊張関係が生じ，ビザンツ帝国は艦隊を派遣している。またすでに述べたようにバレアレス諸島に対しても艦隊を派遣している。

　だが，カールが没すると内紛が続いたことなどもあり，地中海におけるフランク王国の活動は停滞していった。先述したように9世紀後半，フランク王国はルイ2世の時代にビザンツ帝国と同盟して南イタリアのムスリムの排除に乗り出した。だがこの時，艦隊を提供したのはビザンツ帝国であり，ルイ2世の役割は陸路南イタリアのムスリムを攻撃することであった。

875年にルイ2世が没してイタリアでカロリング家の嫡系が断絶すると，カロリング家の血を引く現地の有力者たちが王や皇帝を名乗って互いに争うようになった。こうした有力者たちの存在感は小さく，10世紀前半にイタリア周辺海域でムスリムと対抗できたのはビザンツ艦隊のみであった。例えばイタリア王ウーゴ（在位926-947年）が931年にフラクシネトゥムを攻撃した際には，ウーゴと同盟していたビザンツ帝国が派遣した艦隊が海からフラクシネトゥムを攻撃している。

　ローマ教皇も，846年にローマ市がムスリムの攻撃を受けるなどムスリムの脅威を感じるようになったこともあり，9世紀～10世紀前半には再びビザンツ帝国との関係改善を試みるようになった。ローマ教皇とビザンツ帝国との関係は，860-870年代のいわゆるフィリオクェ論争（「フォティオスのシスマ」）の時のように緊張することもあったが，ムスリムの脅威に加えて南イタリアなどのビザンツ勢力圏での教皇の裁治権確保の問題もあって，教皇にはビザンツ帝国との関係を過度に悪化させることはできなかった。

8　後ウマイヤ朝

　後ウマイヤ朝は，740年以降のベルベル人の大反乱，そしてそれを契機の1つとするウマイヤ朝の崩壊の中から姿をあらわした国家である。750年にシリアのウマイヤ朝は打倒されたが，ヒシャームの孫のアブド・アッラフマーン1世（在位756-788年）がイベリア半島に逃れ，アンダルス総督に代わってイベリア半島の支配権を掌握した。アブド・アッラフマーン1世の時代には各地で反乱が起きていたが，8世紀末には一応の安定を示すようになる。ただし境域部を中心に，9世紀に入っても反乱がなくなったわけではなかった。

　9世紀前半のアブド・アッラフマーン2世の時代は，メリダやトレードで反乱が起きたり，地中海までヴァイキングが侵入してくるなど，完全に平穏な時代というわけではなかったものの，国家制度の整備が進んだ時期でもあった。ヴァイキングから後ウマイヤ朝が受けた被害は同時代のブリテン島やフランク

王国などに比べると軽微であったが，艦隊の整備などは進められた。

イスラーム化の進展

　この時期にはイスラーム支配下に入った他の地域と同様，イベリア半島でも
イスラームへの改宗が着実に進展し，アラビア語やイスラーム文化も社会に深
く浸透していった。シチリア島やクレタ島などと同様，イスラーム世界のすぐ
れた技術なども導入されていった。イスラームに改宗した人びと（ムワッラド）
も着実に増加した。ムワッラドのなかには，アブド・アッラフマーン 2 世時代
から北東部の上辺境地域で事実上自立していたカスィー家のような有力家門も
存在していた。カスィー家はバルセロナなどのキリスト教徒支配領域を攻撃・
略奪する一方で，隣接地域のキリスト教徒の君主と婚姻関係を結ぶなど，独自
の行動をとることもあった。

　一方，後ウマイヤ朝の支配が及ばないイベリア半島北部やその他のキリスト
教徒支配地域に逃亡・移住した人びとがいたことも，他地域と同様である。ア
ラビア語やアラブ文化を取り入れたキリスト教徒（モサラベ）は，中世後期に
はイベリア半島で文化的・政治的に大きな意味を持つようになっていくが，後
ウマイヤ朝期にはイスラームに改宗する人びとやイベリア半島北部などへ逃亡
する人びとも多かった。

イブン・ハフスーンの反乱

　9 世紀末になると，イベリア半島の広範な地域で，後ウマイヤ朝による支配
に対する反抗や反乱が相次ぐようになる。その要因にはさまざまな点があげら
れるが，アブド・アッラフマーン 2 世時代以降進められていった中央集権化の
方向性に対して，各地の有力者たちが反発したことは無視できない。特に大き
な脅威となったのが，イブン・ハフスーン（ウマル・ブン・ハフスーン）による
反乱である。イブン・ハフスーンは880年に反乱を起こしたが，彼の活動が活
発になったのは888年以降であり，各地の有力者などとも同盟を結んだりしな
がら，勢力を拡大していった。

イブン・ハフスーンは勢力拡大のためにさまざまな行動をとっており，899年にはキリスト教に改宗している。また891年にはアグラブ朝に援軍を求める交渉をおこなうなどしており，北アフリカの勢力との関係も持とうとしていた。アグラブ朝の滅亡後はファーティマ朝との同盟を910年に結ぼうとした可能性があり，後ウマイヤ朝側の資料によるとイブン・ハフスーンはこの年，キリスト教からシーア派に再改宗したという。そして実際，914年までは北アフリカからの補給が続いていたようである。イブン・ハフスーンは918年に没するまで抵抗を続け，彼の死後も息子たちによる抵抗がなおも続いた。

アブド・アッラフマーン3世

混乱していた状況を収拾し，後ウマイヤ朝の最盛期をもたらしたのがアブド・アッラフマーン3世である。アブド・アッラフマーン3世は国内の反乱の打破に力を注ぎ，イブン・ハフスーン一族の反乱も928年に鎮圧した。そしてセビーリャやトレードなど，後ウマイヤ朝に反抗していたその他の地域も次々と支配下に再編入していった。

アブド・アッラフマーン3世は国内の再統合のめどがほぼ立った929年に，カリフを称した。後ウマイヤ朝の君主はアブド・アッラフマーン1世時代以来，東方のアッバース朝のカリフやその支配の正当性は認めようとはしなかったが，自らカリフを名乗ることはなかった。しかしすでに北アフリカでファーティマ朝の君主がカリフを称しており，ファーティマ朝との対抗関係もあってアブド・アッラフマーン3世もカリフを称するようになった。もちろん先述したように国内の再統合のめどが立った時期にカリフを称していることから，イベリア半島内部の状況もカリフを称する理由の1つだったろう。

アブド・アッラフマーン3世時代，後ウマイヤ朝はファーティマ朝と激しく対立した。後ウマイヤ朝は931年にセウタを占領して北アフリカに前線拠点を築き，モロッコ地域を中心としてファーティマ朝と争った。後ウマイヤ朝がモロッコ地域に進出したことにより，イベリア半島から北アフリカを経て西サハラ地域（ガーナ王国）を結ぶ交易ルートをめぐる争いも激しくなっていった。

地中海でも，アルメリアを拠点とする後ウマイヤ朝の艦隊がしばしばファーティマ朝の領域を攻撃したほか（上述したようにファーティマ朝による反撃も激しかった），バレアレス諸島もアブド・アッラフマーン3世の時期までには後ウマイヤ朝の支配下に入っている。

9　10世紀末の状況

　10世紀末，地中海ではビザンツ帝国，ファーティマ朝，後ウマイヤ朝が大きな勢力を持って並立する状況にあった。しかし特に地中海中西部では，このような状況に変化が生まれつつあった。まずビザンツ帝国は，10世紀末にはなお南イタリアを支配していた。しかしこの時期にはすでにシチリア島やバレアレス諸島を失っており，サルデーニャ島に対する影響力もほぼ失われていた。ティレニア海以西におけるビザンツ帝国の影響力は著しく弱くなっていた。

　ファーティマ朝はエジプトを征服すると，本拠地もエジプトに移動した。その結果，北アフリカでは権力の一種の空白状態が生まれることになった。

　イベリア半島の後ウマイヤ朝は10世紀末まで繁栄を維持し，ヒシャーム2世（在位976-1009，1010-1013年）時代に実権を握ったマンスール（イブン・アビー・アーミル）が，しばしばイベリア半島北部のキリスト教諸王国への遠征をおこなうなどしている。しかしアブド・アッラフマーン3世からマンスール時代の後ウマイヤ朝の軍事力が圧倒的に強力，というわけではなかった。実際，10世紀においても後ウマイヤ朝の軍はしばしば大きな被害を被っている。またモロッコ地域での影響力が増大した結果，イベリア半島に流入してきたベルベル人が後ウマイヤ朝やマンスールの軍事力の大きな部分を形成していくようになるが，彼らの存在も10世紀末以降不安定要因となっていく。

　一方でヴェネツィアやピサなどのイタリアの諸都市の交易活動も10世紀末までには活発になっていき，加えてそれらの都市の持つ艦隊も地中海で存在感を徐々に強めていた。ヴェネツィアはすでに1000年には，ダルマティア地方にまで影響力を及ぼすようになっている。状況の急変は，目の前まで迫っていたの

である。

参考文献

安達かおり『イスラム・スペインとモサラベ』彩流社，1997年。

余部福三「北アフリカにおけるアラブの定着とベルベルの抵抗運動」『人文自然科学論集』104，1997年，41-76頁。

私市正年『サハラが結ぶ南北交流』山川出版社，2004年。

関哲行・立石博高・中塚次郎編『スペイン史1　古代〜近世（世界歴史大系）』山川出版社，2008年。

高山博『ヨーロッパとイスラーム世界』山川出版社，2007年。

竹部隆昌「ラヴェンナ総督府陥落とビザンツ＝西方関係」『長崎県立大学国際社会学部研究紀要』2，2017年，155-166頁。

Anderson, G. A. et al. (eds.), *The Aghlabids and Their Neighbors: Art and material Culture in Ninth-Century North Africa*, Leiden: Brill, 2018.

Collins, R., *Caliphs and Kings: Spain, 796-1031*, Chichester: Wiley-Blackwell, 2012.

Cosentino, S., "Re-analysing some Byzantine Bullae from Sardinia", in: Ludwig, Cl. (hrsg), *Siegel und Siegler: Akten des 8. Internationalen Symposions für Byzantinische Sigillographie*, Frankfurt am Main: Peter Lang, 2005, pp. 69-81.

Hobart, M. (ed.), *A Companion to Sardinian History, 500-1500*, Leiden: Brill, 2017.

Jiménez, J. M. et.al., *The Iberian Peninsula between 300 and 850: An Archaeological Perspective*, Amsterdam: Amsterdam University Press, 2018.

Prigent, V., "La Politique Sicilienne de Romain Ier Lékapène", in: Barthélemy, D. & Cheynet, J. -C. (eds.), *Guerre et société au Moyen Âge: Byzance - Occident*, Paris: Association des Amis du Centre d'Histoire et Civilisation de Byzance, 2010, pp. 63-84.

┌─ コラム②　フォルドンジャーヌス ─┐

　サルデーニャ島は公共交通が発達していないので，主要都市以外に行く場合はレンタカーが便利だ。ヨーロッパはマニュアル車の人気が高いので，オートマ限定免許の人は不安かもしれないが，心配はいらない。スマホのアプリを利用すれば簡単にオートマ車の事前予約が可能だ。ただしオートマ車の数は少ないので，早めに予約を入れておいた方がよい。

　サルデーニャ島の玄関口は，南部にある州都カリアリだ。カリアリからは，北部の主要都市であるサッサリやポルト・トーレスとを結ぶ国道131号カルロ・フェリーチェ線が整備されている。カルロ・フェリーチェ線は無料ながら全線片側2車線でほぼ立体交差，事実上の高速道路である。

　カリアリからカルロ・フェリーチェ線を北上し，オリスターノのインターチェンジで降りて東へ向かう。山がちな地形になってしばらくすると現れるのがフォルドンジャーヌスの町である。フォルドンジャーヌスはティルソ川沿いの小さな集落だが，非常に長い歴史があり，ローマ帝国時代になるとトラヤヌス帝（在位後98-117年）に由来するフォルム・トラヤニという名前を持つようになった。フォルム・トラヤニは，南部のカラレスと北部のトゥッリス・リビソニスという二大都市を結ぶ主要街道上に位置する重要な拠点だった。またサルデーニャ島は全般的に東部が山がちな地形で，ローマ帝国の支配下に入った後も東部の山岳地帯（バルバジア地方）はなかなかローマ化が進展せず，支配も十分には行き届いていなかった。そのためフォルム・トラヤニは，山岳地帯に対してにらみを利かせる拠点としても重要な意味を持っていた。

　現在でもフォルドンジャーヌスには，ローマ時代のさまざまな遺構や建築物が残っている。ティルソ川にローマ時代にかけられた橋は，今も国道388号線として現役で利用されている（ただし，ローマ時代から残る部分は一部である）。その他にもローマ時代の道路や円形劇場などが残っているが，もっとも興味深いのは浴場である。ローマ時代の浴場の遺構は各地に残っており，珍しいものとはいえないが，フォルム・トラヤニには温泉がわき出ていた。現在でも浴場の遺構の一部から温泉が噴出しており（かなり熱い），ティルソ川に流れ込んでいる。古代の浴場の遺構のすぐ近くでは町営の小さな湯治場が営業していて，水着を持っていけば入浴が可能だ（有料）。

　6世紀以降，サルデーニャ島はビザンツ帝国の支配を受けることになった。ビザンツ期にはフォルム・トラヤニはクリュソポリスとも呼ばれるようになる。この時期にもフォルム・トラヤニの重要性は変わらず，ビザンツ帝国はこの町をサルデーニャ島駐屯軍の拠点とした。6世紀の歴史家プロコピオスによると，ユスティニアヌス1世はこの町に城壁を建設したという。

サン・ルッソリオ教会

フォルム・トラヤニはサルデーニャ島におけるキリスト教の浸透，という点でも重要な都市であった。フォルム・トラヤニは早い時期から司教座が置かれていた。またとりわけ重要なのが，サン・ルッソリオ（聖ルクソリウス）との関係である。サン・ルッソリオはローマ帝国による迫害を受けて，おそらくディオクレティアヌス帝（在位284-305年）時代に殉教したキリスト教の聖人である。彼が処刑されたのがフォルム・トラヤニの近郊であった。そのため，サン・ルッソリオが殉教した場所の近くに，サン・ルッソリオ教会が建設された。サン・ルッソリオに対する信仰は中世の間にサルデーニャ島全土，そしてさらにイタリア半島本土にまで拡大していく。現在フォルドンジャーヌスの郊外に建っているサン・ルッソリオ教会は12世紀のロマネスク様式の建物だが，その下に4世紀以来の構造物が何層にも重なっている。6世紀の教会部分の遺構からは床モザイクやフレスコ画なども発見されており，ビザンツ支配期のフォルム・トラヤニの繁栄を物語ってくれている。

フォルム・トラヤニの繁栄はしかし，時代が進んでいくと徐々に失われていった。本文でも述べたように11世紀以降，サルデーニャ島は4つの王国（ジュディカーティ）に分かれる。フォルム・トラヤニはアルボレア王国に属することになるが，アルボレアの中心はフォルム・トラヤニではなく，現在でもこの地域の中心となっているオリスターノだった。

現在のフォルドンジャーヌスは，住民が900人に満たない（2020年1月現在の総人口870人）小さな町である。だがティルソ川の対岸には大きな温泉宿泊施設が整備され，各地から観光客が湯治やバカンスに訪れている。そして本コラムで紹介した古代〜中世の遺構も，訪れる人びとを惹きつけている。小さいが，記憶に残る町。フォルドンジャーヌスは，そんな町だ。

第 3 章

文明のはざまで
──クレタ島から見た 9 〜16世紀の東地中海──

クレタ島の港町，ハニアの風景

クレタ島は現在ギリシャ共和国であるが，かつてヴェネツィア領であった時代が長かった。写真はヴェネツィアによって造営された港町の様子を波止場から撮影したものである。

第 3 章関連年表

年	出 来 事
432	伝承上のヴェネツィアへの移住
824頃	アブー・ハフスによるクレタ島攻略
828	アレクサンドリアから聖マルコの遺骸がヴェネツィアに持ち出される
909	ファーティマ朝の成立
961	ビザンツ帝国によるクレタ島の再征服
992	ビザンツ皇帝バシレイオス2世によるヴェネツィアへの特権付与
1071	マラーズギルドの戦い
1095	クレルモンの教会会議において教皇ウルバヌス2世が十字軍を呼びかける
1099	第1回十字軍がイェルサレムを攻略
1198	教皇インノケンティウス3世の即位，十字軍の提唱
1204	第4回十字軍によるコンスタンティノープル攻略
1211	ヴェネツィアによるクレタ入植の開始
1282/3	クレタ島においてアレクシオス・カレルギスによるヴェネツィアの支配に対する反乱が起きる
1299	ヴェネツィアとアレクシオス・カレルギスの和解
1343	スミュルナをめぐる攻防戦の開始
1381	ゲオルギオス・カレルギス，ヴェネツィアから貴族の称号を受ける
1453	メフメト2世によるコンスタンティノープル攻略，ビザンツ帝国の滅亡
1541	エル・グレコ，クレタ島にて誕生
1669	オスマン帝国によるクレタ島征服

1　中世東地中海における3つの世界とイタリア

　本章では，9世紀から16世紀までの東地中海世界が経験した政治や社会の変化について，クレタ島に焦点をあてて，説明していく。この時代についておおまかな説明をするとすれば，3つの文明の交錯する時代として捉えられるだろう。ここでいう3つの文明とは，ビザンツ世界，西欧キリスト教世界，およびイスラーム世界である。まずは，本節および第2節において，本章で展開される世界の基本的な構図について説明しておきたい。

　ビザンツ世界とは政治的にはビザンツ帝国の領域内ないしその影響下にあり，宗教的にみれば正教会である。また，イスラーム世界とは宗教的権威と世俗的権威をあわせ持つカリフの影響のもと，イスラーム法に基づいた支配が行われていた一帯を指す。そして，西欧キリスト教世界とは，宗教的権威としてはヴァチカンのローマ教皇を頂点とするローマ・カトリック教会の影響下におかれた地域である。この西欧キリスト教世界の政治的統一は，9世紀のフランク王国の分裂以降は果たされることはなく，諸地域が自立していく。現在でいうと主としてイギリス，フランス，ドイツ，イタリア北部，スペイン北部といった地域において国家形成が促されていった。

　特に，西欧キリスト教世界のなかで本章に密接に関連するのは，イタリアの港湾都市である。ローマ帝国崩壊後の北イタリアにおいては，衰退した都市参事会にかわって司教ら聖職者が司法や行政を担うようになったことで，都市共同体が成長した。こうした都市共同体は，その内部において次第に市民層が台頭して，政治や経済における特権を上位権力に認めさせることで共同体内部における寡頭支配を確かなものとするとともに，ロンバルディア同盟に代表されるように，時に外部に対しては協働して圧力に反発することで自らの自治を守った。こうした都市のなかには，ジェノヴァやピサといった古くからティレニア海において船を利用した商業活動や略奪行為を行っていた都市も含まれる。

　本章で扱う9世紀から16世紀までの東地中海世界においては，とりわけビザ

図 3-1 11世紀の地中海

出典：本村凌二・高山博『地中海世界の歴史——古代から近世』放送大学教育振
興会，2009年，33頁より作成。

ンツ世界とイスラームの間の絶え間ない対立関係を基軸としながら，そこにイ
タリア港湾都市や第4節においてふれる十字軍といったような，西欧キリスト
教世界の勢力の進出が繰り返されるという流動的な政治状況のもと，人口の大
きな移動が生じるとともに社会構造も大きく変容した。

　本章で主に触れるクレタ島もまた，さまざまな勢力による支配を経験した。
そもそもローマ帝国が東西に分裂した395年には東ローマ帝国領に組み入れら
れたクレタ島は，その主たる住民はギリシア語を話す正教徒，すなわちギリシ
ア人でありビザンツ世界に属している。824年頃にイスラームの支配を受け，
961年には再びビザンツ帝国の支配に復帰するものの，1204年の第4回十字軍
を契機としてヴェネツィアによる支配を受けることとなった。450年にわたる
ヴェネツィア支配の後，1669年にはオスマン帝国の支配下に入ることとなった。
この島がオスマン帝国の支配を離れ，現在のギリシアの一部となるのは20世紀
初頭を待たなければならない。

2　境域とイタリア都市

　3 つの文明の間では，当然のことながら複数の文明の影響を受ける地域，いわゆる境域が生まれることになる。第 4 章において触れる，レコンキスタが行われたイベリア半島や，3 つの文明の交錯したシチリア島もまた境域であった。ここでは，東地中海においてもさまざまなかたちで生成した境域について触れておきたい。

東部境域

　これらの境域のなかで，地域的な広がりとしても，境域であった期間からしても，アナトリアからシリア・パレスティナを経てエジプトまでに至るまでの地域はひときわ大きな変化を経験することになった。この地域のうち，エジプトやパレスティナが早くからイスラームの支配を経験したことはすでに第 1 章において述べられたとおりだが，こうした地域においてもズィンミー（庇護民）として多くのキリスト教徒やユダヤ教徒がその信仰を保持し続けていた。また，シリアおよびキプロス島をめぐっては，8 世紀から11世紀にかけてビザンツ帝国とイスラーム勢力が対峙することとなる。とりわけ，シリアのトリポリやタルスース，およびキプロス島ではイスラーム勢力が盛んに船を建造し，艦隊を結集させた。この地域でのイスラーム勢力の海運能力の著しい向上は，彼らがキリスト教世界に対する「海のジハード」を広く推し進めるうえで大きな意味を持つこととなる。しかし，10世紀後半から，ビザンツ帝国の艦隊勢力が盛り返すようになり，965年にはキプロス島とタルスースがビザンツ帝国の支配へと取り戻される（太田 2011：7）。

　こうして，シリア方面へのビザンツ帝国の進出には，909年に成立したファーティマ朝が対抗することになったが，それ以上に大きな影響をこの地域に与えたのは，中央アジアから進出してきたトルコ系遊牧民である。このうち，10世紀にイスラームに改宗したセルジュークを祖とする勢力はトゥグリル・ベク

（在位1038-1063年）の時代に飛躍を見せる。トゥグリル・ベクは1055年にはアッバース朝の首都バグダードに入城し，またその後，スルタンの称号をカリフから授与された。こうして成立したセルジューク朝は，地中海に活発に進出する。トゥグリル・ベクの甥にあたるアルプ・アルスラーン（在位1063-1072年）が1071年のマラーズギルドの戦いにおいてビザンツ皇帝ロマノス4世ディオゲネス（在位1068-1071年）指揮下の帝国軍を打ち破り，アナトリアにおけるイスラームの優位を決定的なものとした。また，イスラーム化したトルコ系遊牧民であるトゥルクマーン勢力が侵入し，ファーティマ朝の勢力圏となっていたシリア・パレスティナにおいても軍事行動をくりひろげたことで（太田 2011：9-11），11世紀後半の東地中海沿岸地域の情勢は一変する。後述のようにこのことは，十字軍運動が西欧において巻き起こる遠因ともなった。

イタリア都市国家と海の境域

　他方，イタリア半島における境域に目を移してみる。まずは，ヴェネツィアとの関わりと境域の存在について触れておこう。そもそも，ヴェネツィアはローマ帝国の時代にはまだ存在しておらず，現在，華麗な建築物が軒を並べる空間は，約1500年前にはラグーナ（潟湖）と呼ばれるアドリア海内奥の汽水湖の上に点在する，無人の干潟にすぎなかった。ヴェネツィアという呼称自体，ラテン語では「ウェネティ人の土地」を指すウェネティアといい，これは現在のイタリアのヴェネト州にほぼ相当する広い地域概念であった。その後，5世紀から活発化するゲルマン人の侵入にともなってウェネティア各地で発生した避難民が，外部勢力の入り込みにくい干潟に居を定めたことがこの都市国家の起源である。伝承によれば432年3月25日，聖母マリアの受胎告知の記念日に行われたこととして記憶されている移住は，実際には5世紀から6世紀にかけてゆっくりと進行したと考えられる。干潟に浮かぶ集落という特殊な地理的条件によって制約されたヴェネツィアの人々の生活においては，船は欠かせない存在であった（中平 2018：19-25）。

　こうして人の居住が始まったヴェネツィアは，8-9世紀には西欧キリスト教

世界とビザンツ帝国の境域のうち，ビザンツ帝国側にあった。この地域を統括
するのは，ビザンツ帝国のラヴェンナ総督であったが，ヴェネツィアは早い時
期からビザンツの支配から実質的に自立していたと考えられる。ただし，ビザ
ンツ皇帝の支配の下に服しているという図式は西欧キリスト教世界における自
立を画策するヴェネツィアによって声高に主張されるようになる。810年にカー
ル（カール大帝）の子ピピンがイタリア王の名目でヴェネツィアを征服する
べく進軍してきた時に，ヴェネツィアの住民は自分たちがビザンツ皇帝の支配
圏のもとにあるとして，ピピンの支配に服することを拒んでいる。その後，
840年のロタール条約においてヴェネツィアの自治権が明記されることになっ
た。他方で，ヴェネツィアの住民は，10世紀末には992年にはビザンツ帝国か
らも，その自立を認められる。ビザンツ皇帝バシレイオス2世（在位976-1025
年）がヴェネツィアの住民に対して与えた黄金印璽文書において，ヴェネツィ
アの住民はビザンツにとって「外国人」であると明記され，その政治的自立が
認められることになった（高田 2019：17）。

　境域を利用して成長したイタリアの都市としては，アマルフィの存在も見逃
がせない。南イタリアの西岸の，山と海に囲まれた狭い渓谷に立地するアマル
フィもまた，古代には起源を持たず，中世初期にゲルマン人の侵入を避けた
人々によって建設された城塞を起源とする。そもそもはビザンツ帝国の一部に
組み込まれていたアマルフィおよびその周辺域においては，8－9世紀にはゲ
ルマン人やイスラーム勢力による領土獲得をめぐる激しい争いが続いた。早く
から造船能力を備えていたアマルフィの住民は，この争いのなかですぐれた艦
隊を供給する存在として頭角を現す。親ビザンツの立場をとっていたアマルフ
ィはランゴバルド系のベネヴェント侯による攻撃を退け，同時に事実上ビザン
ツ帝国の影響からも自立した共和国となった（根津 1999：22-23；Skinner 2013:
19-31）。

　このヴェネツィアとアマルフィに前節で述べたジェノヴァとピサを加えた4
つのイタリア海港都市は，船によって早くから地中海世界へと乗り出していく。
伝承によれば，828年にヴェネツィアの商人が，イスラーム勢力の襲撃にさら

されたアレクサンドリアから聖マルコの遺骸を持ち出してヴェネツィア本国に運び出したといわれている（永井 2004：7-8）。また，アマルフィの商人たちはとりわけ，イスラーム世界に積極的に進出した。彼らの足跡を伝える一例として，11世紀半ばに在ナポリのアマルフィ商人たちがイェルサレムにおいて巡礼者保護を目的とした団体を立ち上げていたことが知られている。第1回十字軍の後には，この施療院を核として，聖ヨハネ騎士修道会が結成されることになる（ジョティシュキー 2013：126）。

　ビザンツ帝国の首都コンスタンティノープルにおいても，イタリア商人が進出した。とりわけ，ビザンツ帝国との結びつきが早かったヴェネツィアやアマルフィの商人たちは，早くからコンスタンティノープルに進出していた。特に，ヴェネツィア商人たちは，11世紀末から12世紀にかけビザンツ皇帝から黄金印璽文書を発給され，そのなかでペラマと呼ばれる金角湾沿いの城壁と挟まれた区域において居留地を認められた（Nicol 1988: 50-67）。同様の特権は，ジェノヴァやピサにも認められ，12世紀にはそれぞれの都市国家がヴェネツィアの居留地に隣接する金角湾沿いに居留地を建設した。これらのイタリア諸港市の商人はこうした居留地を足がかりとして，イタリアとビザンツ帝国間の交易のみならず，ボスポラス海峡を越えて黒海にも進出していくことになる（亀長 2002：319-340）。

　本節のまとめにかえて東地中海世界における境域について説明しておこう。地図上ではっきりと文明の境域として浮かび上がるのはシリアからアナトリアにかけての地域であるが，他方でシリア，パレスティナ，エジプトにかけての地域ではイスラームの支配のもとに入ってもなお多くのキリスト教徒を抱えており，宗教でみたときにその線引きは難しい。また，海自体を境域として見なすこともできる。時に敵対しつつも重なりあいながら存在していた，東地中海の諸文明を繋ぐ役割を担っていたのは商人たちである。前述のイタリア商人のほか，エジプトのカイロで発見されたゲニザ文書にみられるユダヤ商人たちもまた，東地中海の海域を往来して商業活動を行っていた（湯川 1984：107-136）。

3　海の境域——クレタ島におけるビザンツ支配とイスラーム支配

　海の境域の一例として，ここでは9世紀から10世紀までのクレタ島について
見ていきたい。前節において触れたように，この海域においてはビザンツ帝国
とイスラーム勢力が海上覇権をめぐってにらみ合う状況が長く続いた。ビザン
ツ帝国の勢力の南限となっていたのは，エーゲ海の南端に東西250 kmにわた
って広がるクレタ島である。ビザンツ帝国にとって戦略的に重要であったこの
島は，山がちで上陸できる海岸線が限られているという地勢のため，直接の戦
場とはならず，ビザンツ帝国とイスラーム世界のあいだの緩衝地域となってい
た。

　状況が変化したのは820年代に入ってからである。イベリア半島に成立した
後ウマイヤ朝の首都コルドバにおいてアブー・ハフスなる人物がアミールに対
する反乱を企てて失敗し，船団をともなってエジプトのアレクサンドリアに襲
来した。アブー・ハフスはアレクサンドリアを占拠するもその支配は安定せず，
さらに824年頃にはクレタ島を攻撃してこれを支配することになる。アブー・
ハフスはクレタ島の初代アミールとなり，アラビア語で「掘り割り」を意味す
るハンダクと呼ばれる城塞を建設した（Christides 1984）。このハンダクは，
961年にビザンツ帝国がクレタ島を再征服した時には，ギリシア語でカンダク
スと呼ばれるようになる。近世，近代と時代が移り変わっても東地中海におけ
る主要港であり続けたこの港湾都市は現在ではイラクリオンと呼ばれ，クレタ
島の中心都市となっている。イスラーム勢力はこのハンダクを本拠として，さ
らにエーゲ海における海賊行為へと乗り出すこととなった。

　961年，ビザンツ帝国の将軍で後に皇帝となるニケフォロス・フォーカス
（在位963-969年）がクレタ島を攻めたときの，ハンダクの攻防戦の模様が挿絵
として添えられた『スキュリツェス年代記』の一葉（**図3-2**）は，イスラーム勢
力の築いたこの要塞の難攻不落の様を伝えている。向かって左手にはハンダク
が見え，その前の狭い浜辺にビザンツ軍が野営している。さらに，このビザンツ

図 3-2　ニケフォロス・フォーカスのクレタ攻め
出典：スペイン国立図書館蔵，『スキュリツェス年代記マドリード写本』，
(Scylizes Codex Matrit. Bibl.nat.Vitr.26.2), f.140r.

軍に対して補給を行うために，沖合には複数のドロモン船が停泊しているのである。実際，この要塞を落とすためには，海上からの絶えざる物資と兵員の供給が不可欠であった。このクレタの攻防戦に際して，『続テオファネス年代記』によればビザンツ軍は総計3000艘以上の船舶を繰り出したとする。数字に誇張はあるにせよ，クレタ攻めの困難さを如実に示している (Christides 1984: 172-175)。この難攻不落の要塞は，約700年後，やはりキリスト教勢力とイスラーム勢力のあいだの争奪にさらされた。17世紀の時点ではヴェネツィアの統治下にあって，カンディアと呼ばれたこの海港都市は，1669年に最終的に陥落するまで24年にわたってオスマン帝国軍の激しい攻撃に耐え続けた（永井 2004：84-99）。

　クレタ島におけるイスラーム支配について考えるときに，よく引き合いに出されるのがローマ帝政期にクレタの行政上の中心地が置かれたゴルテュンの荒廃をめぐる問題である。395年以降，ビザンツ帝国によるクレタ統治における中心地となっていたこのゴルテュンは，イスラーム勢力の支配のもとで破壊されていたとする見方がなされる。実際に現在のゴルテュン遺跡を見ると，内陣のみを残して石材が持ち去られて荒廃の進んだかつての主教座聖堂である聖テトス教会跡を目にする（本書97頁，コラム③）。しかし，ゴルテュンの破壊はイスラーム支配に先立つ7世紀の地震によって引き起こされたとする見方が大勢を占める。そのうえ，考古学的にはアラブ人による征服後の9世紀にもなお人々の居住が確認されていることから，ゴルテュンの荒廃をイスラーム支配と結びつけて考えることには無理がある (Tsougarakis 1988: 235)。また，アラブ

貨幣の出土状況は，イスラーム勢力が支配の要としたハンダクとともに，ゴル
テュンとその周辺もまたイスラーム支配下において経済的な中心機能を果たし
ていたことを強く示唆している（Tsougarakis 1982）。現在では荒廃が進んでし
まったゴルテュン遺跡の衰退を，キリスト教とイスラームの対立のみを軸とし
て理解することは難しい。

　以上のような9世紀から10世紀半ばまでのクレタ島におけるイスラーム支配
の状況は，ビザンツ世界とイスラームのあいだの境域における共生の状況を考
えるうえで示唆的である。すなわち，境域が必ずしも軍事行動の対象となるわ
けではなく，クレタ島のように緩衝地帯として意味を持つ地域もあったという
こと，また，イスラーム勢力による征服によってそれまでのキリスト教徒たち
の社会が激変するとも限らないということである。

4　ビザンツ支配からヴェネツィア支配へ

十字軍運動

　第2節において触れたセルジューク朝のシリアおよびアナトリア方面への進
出を恐れたビザンツ皇帝アレクシオス1世コムネノス（在位1081-1118年）は，
西欧の救援を求めて使者を教皇に送った。時の教皇ウルバヌス2世（在位
1088-1099年）はこの報を受けて，1095年にクレルモンの教会会議を主催した際
に有名な十字軍を呼びかける説教を行ったとされる。この呼びかけにしたがっ
て，西欧では多くのキリスト教徒が聖地イェルサレムへの巡礼行を準備した。
十字軍は複数のルートを辿って，ビザンツ帝国の首都コンスタンティノープル
に集結し，1097年にまずルーム・セルジューク朝の首都が置かれていたニケー
アを陥落させたのを皮切りに，アンティオキアへと兵を進めると，1099年5月
に当時ファーティマ朝の支配下に置かれていたイェルサレムを攻略した。この
時の攻囲戦において，十字軍側が凄惨な虐殺を行ったことが，アラビア語史料
では物語られる（ジョティシュキー 2013：87-96）。

　十字軍運動の結果，シリア・パレスティナには西欧の諸侯によって4つの国

家が打ち立てられたものの，当初から周囲のイスラーム勢力による攻勢にさら
されることとなった。その救援のために，西欧キリスト教世界においてはさら
に第2回，第3回の十字軍が組織された。とりわけ第3回十字軍はイギリス国
王リチャード1世（在位1189-1199年），フランス国王フィリップ2世（在位
1180-1223年），神聖ローマ皇帝フリードリヒ1世バルバロッサ（在位1155-1190
年）らが名を連ねるそうそうたる陣容で，当時イェルサレムを支配していたア
イユーブ朝のサラディン（サラーフ・アッディーン）（在位1169-1193年）との戦
いに臨むこととなったが，フリードリヒ1世が遠征途上で死去したことや，ア
ッコンの攻略後にフィリップ2世が帰国したために，残ったリチャード1世は
サラディンとの間で休戦協定を結び，1192年に遠征を終えた。この協定の内容
に基づいて，キリスト教徒はイェルサレムに巡礼できるようになったが，西欧
キリスト教世界にとって悲願であったイェルサレムの奪還は果たされなかった
（ジョティシュキー 2013：245-257）。

　こうした十字軍の状況をみて，教皇インノケンティウス3世（在位1198-1216
年）はあらたな十字軍を提唱した。この第4回十字軍の計画が策定されるなか
で，聖地イェルサレムではなくエジプトのアレクサンドリアを目指すこと，船
舶による海上輸送によって目的地を目指すことなどが取り決められた。十字軍
を主導した諸侯はイタリア海港都市に対して交渉を行い，結果，ヴェネツィア
との間に傭船契約を結んだ。そして，十字軍は1202年にヴェネツィアに集い，
そこからエジプトを目指して出発することが取り決められた。しかし，実際に
期日になってヴェネツィアに集まったのは予定の半分に過ぎず，十字軍は出港
に必要な費用を払うことはできなかった。そこで，ヴェネツィアは十字軍に対
して，現在のクロアチアにあった海港都市であるザラの攻撃を持ちかけること
となる。当時，ザラはハンガリー王の支援のもとヴェネツィアと対立関係にあ
ったためである。十字軍は，ヴェネツィアの提案を受けて出港し，1202年11月
にはザラを攻略した。

　この時の十字軍の行動に対して，インノケンティウス3世は激しい批難を浴
びせ，破門の処置をもって対処した。しかし，十字軍を主導した諸侯たちはな

おも十字軍の続行を模索する。その鍵となったのが，ビザンツ帝国内の陰謀事件に巻き込まれて，コンスタンティノープルを逃れていた皇子アレクシオスである（アレクシオスは，後に皇帝アレクシオス 4 世アンゲロス（在位1203-1204年）として即位する）。アレクシオスは義兄にあたるシュヴァーベン公フィリップの紹介を受けて十字軍に合流し，十字軍に対して，自分とともにコンスタンティノープルに赴いて，自分を帝位に就かせるように提案する。その条件としてアレクシオスは，自分が皇帝に即位したあかつきには，十字軍のアレクサンドリアまでの旅費をビザンツ帝国が負担すること，ならびに正教会を教皇の権威のもとに服させることなどを約束した。

　第 4 回十字軍は亡命皇子アレクシオスの提案を受け入れて，ひとまずは行き先をコンスタンティノープルに変更する。そして，1203年 7 月18日，十字軍はコンスタンティノープルを攻略し，アレクシオスを帝位につけることに成功した。しかし，アレクシオスは十字軍に対する約束を果たさぬままに，宮廷の陰謀事件に巻き込まれて命を落とした。この経緯をみて危機感を抱いた十字軍は再度のコンスタンティノープル攻略を計画して実行に移す。1204年 4 月12日，世界史上に有名な第 4 回十字軍によるコンスタンティノープル略奪事件の幕があけた。略奪によって多くの住民が家を追われたほか，多くの聖遺物が西欧に持ち去られた。

　キリスト教徒がキリスト教徒を対象に略奪するというこの事件については，しばしばヴェネツィアが暗躍したとする陰謀説がまことしやかになされるが，実際には諸勢力の思惑が交錯するなかで十字軍が当初の目的を大きく逸脱してしまったという方が正確である。コンスタンティノープル総主教座が西欧カトリック世界の下にはいることとなって形ばかりの東西教会の合同は実現されたものの，インノケンティウス 3 世はまたしても十字軍がキリスト教徒を攻撃したことに大きく失望した（フィリップス 2007；ジョティシュキー 2013：257-270）。インノケンティウス 3 世はそののち，1215年の第 4 回ラテラノ公会議において聖戦の定義をはっきりさせるとともに，あらたな十字軍を提唱して派遣の準備を進めるも，1216年，志半ばにして世を去った。

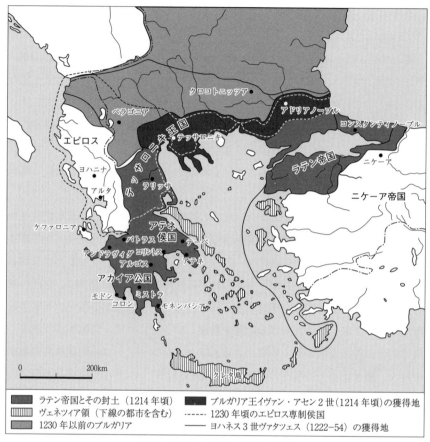

図 3-3　第 4 回十字軍後の東地中海世界

出典：桜井万里子編『ギリシア史（新版世界各国史17）』，山川出版社，2005年，195頁より作成。

　第 4 回十字軍の結果ビザンツ帝国は中断し，その領土には諸勢力が割拠することになる。十字軍に参加した諸侯はそれぞれラテン帝国，アカイア公国，テッサロニキ王国，アテネ侯国を打ち立てる。また，旧ビザンツ帝国系の残存勢力はそれぞれニケーア帝国，エピロス専制侯国，トレビゾンド帝国を建てた。また，北方ではブルガリアが領土を拡張した。ヴェネツィアもまた，多くの領土を手に入れることになる。コンスタンティノープルの 3 分の 1 の区画を手に入れた他，ペロポネソス半島南端のモドンとコロン，クレタ島の領有を固めた。

ヴェネツィアのサヌード家が支配することになったナクソス島を合わせるとヴェネツィアはエーゲ海の海域において，ほぼ自領の港と島嶼のみを通ることで海路でコンスタンティノープルまで到達できるようになった。第4回十字軍はヴェネツィアにとっては，海上覇権の確立という意味合いを持っていたといえる。

クレタ島へのヴェネツィア人の入植

　十字軍の時代は，西欧キリスト教世界の拡大の時代であるともいえ，地中海においても西欧キリスト教世界からその外側への移住が活発になされた。東地中海世界においては，十字軍国家が打ち立てられたシリアやパレスティナはもちろんのこと，第4回十字軍の参加者が国家を建設したペロポネソス半島などがその例としてあげられる。こうした移住の例として，ヴェネツィアが支配したクレタ島をあげておきたい。

　クレタ島は，第4回十字軍後にヴェネツィアが獲得した新しい領土のなかで，特に経営に力を注いだ場所の1つである。第4回十字軍の参加者の間での話し合いの結果取り決められた，「ビザンツ領の分割に関する協定」のなかではクレタ島の領有は当初，モンフェッラート侯ボニファッチョ（テッサロニキ国王としての在位1204-1207年）に委ねられたが，島に渡航するための十分な海上輸送力を持たないボニファッチョは実効支配をあきらめ，領有権をヴェネツィアに売却した。

　ヴェネツィアは一足早くクレタ島に進出していたジェノヴァ人との間の争奪戦を制して，クレタの領有を固めることになった。1209年には初代のクレタ総督としてジャコモ・ティエポロが任命された。

　ヴェネツィアによるクレタ島の支配の根幹を成すのは，入植政策であった。ヴェネツィアは1211年に市内に入植者を募集する触れ書きを掲示した。文書の概要としては，軍事義務と引き換えに島内の土地を割り当てる封建契約による入植であることが示され，同時にクレタ島に赴くことになったヴェネツィア市民の名簿が付されている。ヴェネツィアにある6区に分かれて人名があげられ

た名簿のなかには多くの有力市民の家門に属する人物が含まれており、ヴェネツィアが共和国の命運をかけてこの入植政策に取り組んだことが伺える。こうしたヴェネツィアが国家主導で行った入植は、1211年、1222年、1233年、1252年の計4回にわたって行われた。その他にも、多くのヴェネツィア人やイタリア半島出身の移住者がクレタ島へと移住した。移住者の総計はこの半世紀の間に、少なく見積もる研究者で1,000人、多く見積もる研究者では1万人にのぼったとされる。しかし、当時のクレタ島のギリシア人の人口推計は17万人にのぼるとされ、いわゆるラテン人（ヴェネツィア人やイタリア人を含む西欧キリスト教世界の出身者）は支配者でありながら、数的にはマイノリティであった（高田 2016：23-32）。

　この入植の状況について考察したティリエによれば、ヴェネツィアからクレタ島へと移住した入植者たちに対してヴェネツィア共和国政府から割り当てられる土地は、理念的には島内全土に及んでおり、クレタ総督の直轄地である首府カンディア（ビザンツ帝国時代のカンダクス）とその周辺域を除く地域が、ヴェネツィアの6区にならって6分割されたとされる。しかし、その6区のうちの1つドゥルソドゥーロ区の土地保有権者を記した土地台帳を精査したガスパリスは、台帳にあらわれる地名の所在地がティリエの主張する区域と大きく異なることを発見して、ヴェネツィアによって封建的土地保有権をかけられた土地の実際の分布が実際にはカンディアを中心とする島の中央部に限られると結論づけた。このことから、ヴェネツィア共和国政府によるクレタにおいて「もう1つのヴェネツィア」を創造しようとする試み、すなわちクレタ島全土を、ヴェネツィアから封建的土地保有権を与えられたヴェネツィア人が支配するような枠組みは、不完全なかたちでしか実行されていなかったことが分かる。いわゆる実効支配という面でみれば、ヴェネツィアの支配が直に及んでいた地域は、ヴェネツィア人が多く入植した北部の港湾都市とその周囲の農村に限られており、その外には先住のギリシア人のみによって構成される農村や山間部の村落が広がっていた。

　このように、十字軍運動が活況を呈した11世紀から13世紀までのあいだに、

西欧キリスト教世界から東地中海へは大規模な人口移動が発生したことは確か
だが，移住者は移住先において時に支配者の立場にありながらも，人口面でみ
れば被支配者となった先住民と比べて圧倒的に少数であった。したがって，東
地中海世界に移住したラテン人たちは自らのコミュニティの存続や人口面で見
た社会の再生産において深刻な脆弱性を抱えていたといえる。

ビザンツ的官僚制から西欧的封建制へ

　人口面で圧倒的な少数派であるラテン人が，多数派である先住民を支配する
ために，ラテン人と先住民との共生が模索された。ヴェネツィア人が支配者と
なったクレタ島においては，先述のヴェネツィア人移住者に対して適用した封
建的関係をギリシア人に対しても適用しようとする動きが見られる。具体的に
は，反乱を起こしたギリシア人との間で和平交渉を行い，ギリシア人に対して
ヴェネツィアに対して忠誠を誓い軍事奉仕を果たすことと引き換えに，土地の
保有を安堵するという条件において和平を取り結んでいる。この和平の内容こ
そ封建契約に他ならない。ヴェネツィアは山間部において，ヴェネツィアに反
抗する者たちを地域の指導者たちと見なして，基本的には彼らの恭順を促すこ
とによって地域全体をヴェネツィアの支配の下に置こうとした。しかし，ヴェ
ネツィアに対する反乱は後を絶たず，13世紀だけでも記録に残るだけで7回も
の反乱が起きた。

　反乱が頻発した要因として，ヴェネツィアとギリシア人の間で「支配」に対
する考え方が大きく異なっていたことが考えられる。ヴェネツィアが志向した
のは，土地の保有権にからんで人間関係の網の目が形成される，いわゆる西欧
キリスト教社会における封建制の仕組みをクレタ島のギリシア人たちの間に根
づかせることであった。こうした西欧的封建的秩序が成り立つためにはそもそ
も自律的な地域社会の存在が前提となるが，ヴェネツィア統治開始以前のビザ
ンツ帝国による統治はむしろ官僚制ともいうべきで，統治の仕組みにおいて中
央政府の大きな関与が認められる。

　ビザンツ統治時代，クレタ島は皇帝家の一門でもあったコントステファノス

家の者が支配を委ねられていたことで知られる。しかし，コントステファノス家の関心は首都における皇帝家との関係や，本拠としていたアナトリア西南部の掌握にあり，クレタ島へは首都から文官を派遣して実務にあたらせる間接統治の形態をとっていた。実際に，12世紀のクレタ島については，村落内の紛争解決文書や，パトモス島の聖ヨハネ修道院に対して島内の土地保有を認める文書が伝来しているが，そのなかでは首都から派遣された文人官僚と推定される人物が調整役を果たしていることが確認できる。このように，ビザンツ統治の時代においても地方支配は間接的ではあったが，官僚による調整の手が働いていたことを勘案すれば，基本的には皇帝政権を中核とする帝国の巨大な政治機構のなかに島内の社会も連結していたのである（高田 2013a：213-216）。

　このような細部にまで中央の関与が及ぶビザンツ「支配」のあり方を経験していたクレタ島の住民が，村落単位での社会の自律を前提とするヴェネツィアの支配に対してなじむことができなかったのは，いうまでもない。繰り返される反乱の背景には，1つには支配者と被支配者の間での支配をめぐる理解のずれがあった。そしてもう1つの問題として，異なる言語間での円滑なコミュニケーションを促す仕組みがなかったことがあげられる。支配者と被支配者とがこうした高度な話題についても言語によって意思疎通を図ることができるようになることが必要であった（高田 2015b：491-492）。

　1282/3年に反乱を起こしたアレクシオス・カレルギスとヴェネツィアの和平においては，ヴェネツィアの支配の安定を阻害する2つの要因がかたちのうえでは取り除かれているように見える。すなわち，反乱を起こしたアレクシオスは島西部のギリシア人，および正教会を取りまとめる地域社会の指導者として振る舞いつつヴェネツィアへの忠誠を宣誓している。また，アレクシオス自身がヴェネツィアと島内ギリシア人の仲介者となっている他，アレクシオスとヴェネツィアの間をヴェネツィア人入植者であるコルナリオ家の2人の兄弟が結びつけているのである。この場合には，誰がどのように通訳の役割を果たしていたのかは判然としない（高田 2015b：496-497）。しかし，東地中海世界におけるラテン人支配においてはしばしば通訳官が任命されていたことが知られて

いる。ジェノヴァのマオーナによって支配されたキオス島ではジェノヴァ人の
キオス移住者のなかから行政府によって選ばれた人物がその任を果たした。し
かし亀長（2005）によると，行政府によって任命されていない私的な通訳も活
動していたとされる。十字軍によって建国されたイェルサレム王国においては
現地住民の中から通訳官が任命されていた（櫻井 2015：517-521）。このような，
言語コミュニケーションを促す仕組みが整ったことは，支配が安定する大きな
要因となっただろう。

　14世紀になると，先述のアレクシオスとその一族はヴェネツィア人の有力入
植者たちとのあいだでの婚姻を繰り返す。そして，14世紀においてもギリシア
人の反乱はなお散発するが，ヴェネツィアはこれらの反乱に対して，ギリシア
人との間に締結された平和の外にある行為として厳しく処断する態度へと転じ
た（高田 2015b：508-509）。他方で，14世紀に入るとギリシア人居住地域にお
いて城主が派遣されるようになった他，断片的ではあるがヴェネツィアがギリ
シア人居住地域において巡察をおこなった結果，ギリシア人たちがギリシア語
で作成した証書がクレタ総督のもとで承認されている例もある。被支配者が西
欧キリスト教世界における支配のあり方を受け入れると同時に，支配者もまた
官僚的な支配を発達させていった。

5　港湾都市カンディアのエスニシティ

　東地中海世界においては，言語・宗教・法慣習を異にする集団が共生する状
況が古くからあった。こうした社会構造は11世紀から13世紀を最盛期とするラ
テン人の移住によって，どのように変容していくのだろうか。ヴェネツィア統
治下でクレタ島の首府となった港湾都市カンディアの史料から考えていきたい。

トポグラフィ
　カンディアはヴェネツィア統治の開始とともに，本国から派遣されたクレタ
総督が常駐する首府となった。ヴェネツィア本国からの移住者も多く，都市内

でのギリシア人とラテン人との人口比は，島内の農村などと比べた時には，ほぼ拮抗していたと考えられる。このカンディアにおけるラテン人とギリシア人の共生を考えるときに有効な手法として，教会の分布からそれぞれのエスニシティの居住地域を推定するトポグラフィがある。

　トポグラフィはギリシア語のトポス（場所）とグラフィア（書くこと）の合成語で，ある施設の場所を地図上に落とし，分布や変化をみる歴史地理学的な手法である。カンディアの場合にはどの宗派の信仰施設がどこにいつからあったのかを調べることによって，エスニシティを把握する助けとなる。十字軍考古学の盛んなシリア・パレスティナにおいてもとられており，そこではキリスト教徒とイスラーム教徒のあいだでの住み分けが起こっていたことが明らかになってきた。カンディアのラテン人とギリシア人の場合はどうだろうか。第2次世界大戦時のナチス・ドイツの爆撃によって旧市街の多くが破壊されたため，ヴェネツィア統治時代の教会の多くが失われた。こうした実地調査の限界を，ヨルゴプルは古地図・古写真・古文書を網羅的に検討することで乗りこえ，13世紀から14世紀にかけてのカンディアにおけるエスニシティの共生の変化の様相を明らかにした（**図3-4**）。13世紀には，カンディアの市壁内においてカトリックが多く，市壁外においては正教会が多い。こうした分離的な状況は，ヴェネツィアの支配の最初期にカンディアの都市空間においてヴェネツィア人の移住が促され，宗教的にみてもカンディアにあった正教会の府主教座は廃されて，ローマ・カトリック教会の大司教座に転換されるなど，ラテン化が進んだ結果であると考えられる。しかし，14世紀に入ると，市壁内において多数の正教会が新たに建てられていることが分かる。しかも，市壁内においてローマ・カトリック教会と正教会の分布は明確な地区による区分によって分けられない。キリスト教徒同士の共生の場合には，混ざり合うようにして共生が進んでいったことを，ヨルゴプルの研究は強く示唆している（Georgopoulou 2001）。

　なお，13世紀においても14世紀においてもユダヤ人地区は市壁内の独立した空間に存在している。ビザンツ統治期においても存在していたと推定されるユダヤ人地区は，ヴェネツィア統治時代には外部との隔離性を一層強められた。

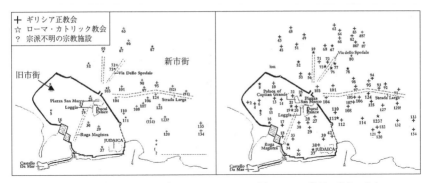

図3-4a 13世紀の教会の分布 　　　**図3-4b** 14世紀の教会の分布
図3-4 13世紀と14世紀のカンディアにおける宗派ごとの教会分布の変化
出典：M. Georgopoulou, *Venice's Mediterranean Colonies: Architecture and Urbanism*, Cambridge: Cambridge University Press, 2001, pp. 182-183.

ただし，クレタ島で生活していたユダヤ人は基本的にはギリシア語やギリシア人の生活との親和性が高い集団であったことが推定される。ユダヤ人にしても，完全に閉鎖的な集団であったわけではなかった（Georgopoulou 2001; Lauer 2019；高田 2015a：74. 79-80）。

分離説と融合説

　ヨルゴプルの手法はあくまでも歴史地理学的な手法によってエスニシティの共生を明らかにする研究であり，人間の行動や内面に具体的に光をあてるものではない。都市社会史の面から，エスニシティの共生について光をあててみたい。先述のティリエはクレタ島におけるエスニシティについて，ラテン人とギリシア人のあいだの交流は必ずしも多くはなく，それぞれ自律したコミュニティを形成していたと述べた（Thiriet 1959〔1975 2nd ed.〕）。近年，マッキーは両者の交流の証拠は多いとしてティリエを批判し，むしろラテン人とギリシア人を超えるような「クレタ人」のような新たなアイデンティティが形成されていた可能性があると主張している（McKee 2000）。2人の主張については，前者を分離説として，後者を融合説をして考えることができるだろう。
　融合説の根拠となるのは，ヴェネツィア統治下においてラテン語ないしヴェ

ネツィア語によって作成された遺言書である。遺言書は公証人によって作成される公正証書であり，その控えが公証人記録簿のなかに引きうつされるかたちで伝来している。あらかじめ定められたフォーマットに，依頼者から聞き取った情報を公証人が書き込んでいくかたちで作成される。遺言はローマ法において定められた法制度であり，古代から広く実践されてきた。中世において，文化圏を問わず遺言の制度自体は維持されており，西欧キリスト教世界，ビザンツ世界，イスラーム世界のそれぞれで遺言書が作成された。西欧キリスト教世界では，12世紀以降，リテラシーが高まったことと貨幣経済の発展によって市民層が成長し，多くの動産を持つようになったことから，遺言書の作成が普及するようになった。クレタ島で作成された遺言書にも，基本的にはこうした西欧キリスト教世界で発展した遺言書作成の法文化が反映されている。

　史料のなかで関心の中心は動産の財産分与であり，いわゆる個人の心情の吐露のような記述はほとんど見られない。しかし，遺言書に記述される動産の分配のされ方から親族・姻族などの人間関係や，宗教心性のあり方を知ることができる。

　さて，融合説を主張したマッキーに話をもどそう。彼女はいくつかの遺言書において，宗教的心性と親族関係において「従来のエスニシティを超える」要素が見られると主張した。この根拠となる史料の１つが1328年に作成された寡婦アナスタッスの遺言書である。この史料において，遺言人であるアナスタッスはもともとはギリシア人であることが推測される。遺言書のなかで言及されている兄ミカエル・マザムルディという人物の家門名がギリシア系であるからだ。一方で，アナスタッスはヴェネツィア系のニコラウス・カラヴェッロの寡婦であると名乗る。したがって，アナスタッスはギリシア人の家庭の出自でありながらヴェネツィア系入植者と結婚した人物であり，異宗派婚をしていたと考えられる。また，遺言書のなかでアナスタッスはローマ・カトリック教会と正教会の双方に対して遺贈するという，宗派の垣根を超えるような心性を持っていた。アナスタッスの遺言書は，日常的な社会生活の側面において融合が進んでいたことを示している（高田 2021）。

　このようにアナスタッスの遺言書を含むいくつかの事例において，マッキーの主張する融合的な関係が浮かび上がることは間違いない。とはいえ，実際にはそうした「エスニシティを超える」遺言書は必ずしも多くはない。また「エスニシティを超えて」いたとしても，アナスタッスの遺言書のような，融合の度合いが高い史料はまれである。例えば，ヴェネツィア人入植者が近所にある正教会に小額の遺贈をしている事例は地縁にもとづく遺贈であろう。また，元々は遺言者の奴隷であったが解放され，正教会の修道院に入って修道女として老後を過ごしている女性に対して，遺言者の死後にも生活を保証するための資金を残す事例も散見される。元奴隷に対する遺贈は，雇用関係にもとづく遺贈ととらえられる。こうした日常的にとりむすばれる人間関係を背景として，「エスニシティを軽く超える」ような事例が大半を占めるのである。アナスタッスの事例のような異宗派婚の進展と，カトリックと正教会双方との深い関係が浮かび上がる事例は必ずしも多いとはいえない（高田 2015a：66-68）。

　また，政治的な意味での融合を示唆する事例もある。1348年に作成されたヨハネス・イアリナの遺言書を検討しよう。イアリナ家はカンディアおよびその周辺に居住していたギリシア系の家門で，ヴェネツィア支配がはじまった13世紀初頭のヴェネツィア側の史料においてすでにその名前が見える。1348年の遺言書において，ヨハネス・イアリナはヴェネツィア系の複数の有力者を遺言書にもとづいて実際の財産分与にあたる遺言執行人に任命している他，複数の托鉢修道会に寄進していることが分かる。一見して，ヴェネツィア系の人物による依頼と見まごう遺言書もまた，融合説を支える重要な根拠となる。このような遺言書をヨハネス・イアリナが作成する動機となったと思われるのは，当時，アナトリアに進出していたトルコ系君侯国とキリスト教勢力（ヴェネツィア共和国，キプロス王国，聖ヨハネ騎士団）のあいだで1343年から約10年にわたって繰り広げられた，スミュルナ（現イズミル）をめぐる攻防戦である。実際に，ヨハネスの遺言書のなかには，異教徒であるトルコ人に対する十字軍に資金を供出する旨の記述がある。すなわち，アナトリアで伸長するトルコ系勢力への警戒感を背景として，ヴェネツィア系とギリシア系の政治的な協力関係が醸成

されていたことを，ヨハネス・イアリナの遺言書は示唆しているといえる。

　ところが，ヨハネス・イアリナは1353年にもう1通の遺言書を作成している。この時には遺言執行人は妻と子どもたちであり，また寄進先もすべて正教会となっている。ヨハネス・イアリナがこのようにまったく違う内容の遺言書を改めて作成するに至った背景として，スミュルナ攻防戦が1351年に終結したことは大きいであろう。エーゲ海岸における当面の脅威が去ったことによって，クレタ島におけるヴェネツィア系とギリシア系のあいだの政治的な連帯もその意義を失ったと考えられる。ヴェネツィアの支配のもとで，ギリシア人の政治参加が進んだことは，カンディアの市議会の変化からもうかがえる。本来，ヴェネツィア系の住民しか議席を持てないことになっているにもかかわらず，1340年代からイアリナ家を含む複数のギリシア系住民が議席を保有していることが確認できるからである。しかし，こうした政治的な意味での融合的関係の深化が必ずしも，「エスニシティを超える」大きな社会的なうねりとなってはいない点に注意するべきであろう（高田 2009：63-99）。

　以上，主として遺言書を史料としてわかってくるヴェネツィア統治下のカンディアにおけるラテン人とギリシア人のあいだの共生についてみてきた。ラテン人とギリシア人が生活圏を同じくするという状況下において日常的な交流が，分離説が想定している程度よりもはるかに多かったことは間違いないが，そうした交流はそれぞれのコミュニティの自律を前提としていた。また，両者の協力的関係は不可逆的に深化していたわけではなく，島内外の政治的な状況に応じて変化してもいただろう。こうして考えてみると，分離説とも融合説ともいえない，いわば付かず離れずの分離的共生関係が成立していたとみるべきである。ここでは，14世紀のクレタ島の例をあげて説明してきたが，東地中海における境域においては，支配者の宗教，言語，法慣習とまったく異なる被支配者のアイデンティティが温存されることが多かった。

6 「海上帝国」ヴェネツィアとクレタのギリシア人

　境域は単に3つの世界の狭間にあって，それぞれの世界をつないでいただけではない。境域は14世紀以降，地中海における諸勢力の対峙が強まるなかで，むしろかたちを曖昧にしながら，対立する諸勢力の双方へと広がっていくことになる。ここではヴェネツィア領に生きたギリシア人の例を示しながら，中世末期から近世における東地中海世界の境域について展望しておきたい。

　ヴェネツィア領となった旧ビザンツ帝国領の人びとは，前節でのクレタ島の例が端的に示すように，自らのギリシア人としてのアイデンティティを保持したまま，ヴェネツィア共和国の臣民としての地位を有していたことになる。いわばギリシア系ヴェネツィア人となった彼らにとって，ヴェネツィア本国にわたることは1つの道であった。早くも1381年には，さきほど触れたアレクシオス・カレルギスの子孫にあたるゲオルギオスがヴェネツィアから貴族の称号を受けた。カレルギス家に対するヴェネツィアの対応は破格のものであったとはいえ，クレタ島をはじめとするヴェネツィア領となったギリシア語圏の地域からは，多くの住民がヴェネツィアへと移住して荷役などの港湾労働や傭兵稼業などに従事した。この集団に加わったのが，1453年のビザンツ帝国の滅亡後に，コンスタンティノープルからヴェネツィアに逃れてきた避難民たちである。ヴェネツィアのギリシア人たちは15世紀末には独自の信仰団体である「聖ニコラウスのスクオーラ」の設立を許されることとなった（齊藤 2006：279-281）。

　ギリシア系住民のなかには少数だが，カトリックへと改宗した人びともいた。例えば教会大分裂時代のさなかに教皇として選出されたが，ローマ・カトリック教会においては対立教皇と見なされるアレクサンデル5世（在位1409-1410年）はクレタ島で生まれ，洗礼名をピエトロ・フィラルゲスという。フィラルゲスという名字から，この対立教皇がギリシア系の家庭に生まれたことが推測される。そもそも，彼についての伝記が物語るところでは，黒死病で親を失ったピエトロをフランチェスコ会士たちが育てたのだという（Petrucci 1960: 193）。

クレタ出身でマニエリスムを代表する芸術家として名高いエル・グレコ（洗礼名ドメニコス・テオトコプロス）も謎めいた存在である。彼の家系を調査した研究者は，エル・グレコが1541年に正教徒の家に生まれたことを明らかにしている。その後，いつ彼がカトリックに改宗したのか，その時期をめぐってはなお論争がある（Panagiotakes 2009）。

　最後に14世紀から急速に勢力を拡大したオスマン帝国との関わりについて述べておこう。1453年，オスマン帝国のスルタン，メフメト2世（在位1444-1446, 1451-1481年）のコンスタンティノープル攻略によりビザンツ帝国は滅亡した。同時に，コンスタンティノープルに居住していたヴェネツィア人はかつてのジェノヴァ人の居留地であったガラタ地区に移され，そのコミュニティはオスマン帝国とヴェネツィアの政治的対立に翻弄されながらも，ヴェネツィアの東方貿易の要として機能し続けることとなる。このコミュニティの成員を検討したダーステラによれば，バイロ（領事）のようなヴェネツィアの貴族から選ばれて派遣されてくる役人を除けば，生粋のヴェネツィア人，すなわちヴェネツィア生まれのヴェネツィア人の割合は非常に少なかったという。ヴェネツィア人居留地を支えていたのはむしろギリシア系ヴェネツィア人や植民地生まれのヴェネツィア系入植者の子孫たち，すなわちヴェネツィアの市民権保有資格をかろうじて有するような多様な人々であった（Dursteler 2006）。このように，文明圏のあいだの外交や経済の接点として，境域に生まれた人びとは重要な役割を果たしていたのである。本章で扱った9世紀から16世紀までの東地中海においては文明の鼎立によってその間で揺れ動く境域がうまれた。しかし同時に境域は文明を繋ぐ役割をも果たしていたのである。

参考文献

大黒俊二「ヴェネツィアとロマニア──植民地帝国の興亡」歴史学研究会編『多元的世界の展開（地中海世界史2）』青木書店，2003年，136-169頁。

太田敬子『ジハードの町タルスース──イスラーム世界とキリスト教世界の狭間』刀水書房，2009年。

─────『十字軍と地中海世界』山川出版社，2011年。

亀長洋子「中世ジェノヴァ人の黒海——多元性のトポスとして」高山博・池上俊一編『宮廷と広場』刀水書房，2002年，319-340頁。

───「キオスに集う人々——中世ジェノヴァ人公証人文書登記簿の検討から」歴史学研究会編『港町と海域世界（港町の世界史１）』青木書店，2005年，333-363頁。

齊藤寛海「ヴェネツィアの外来者」歴史学研究会編『港町のトポグラフィ（港町の世界史２）』青木書店，2006年，271-295頁。

桜井万里子編『ギリシア史（新版世界各国史17）』，山川出版社，2005年。

櫻井康人「家の内にいる敵——十字軍国家におけるフランク人の農村支配」服部良久編『コミュニケーションから読む中近世ヨーロッパ史——紛争と秩序のタペストリー』ミネルヴァ書房，2015年，513-536頁。

ジョティシュキー，A.，森田安一訳『十字軍の歴史』刀水書房，2013年

陣内秀信『イタリア海洋都市の精神（興亡の世界史８）』講談社，2008（講談社学術文庫，2018年）。

高田良太「中世後期クレタの政治指導者層におけるギリシア系家門——スミュルナ十字軍期（1330-1350）を中心に」『史林』92-6，2009年，63-99頁。

───「1204年とクレタ——外部勢力支配地域と中央政府の関係の変容」井上浩一・根津由喜夫編『ビザンツ——交流と共生の千年王国』昭和堂，2013年 a，205-231，278-285頁。

───「港湾都市カンディアからみた中世後期の東地中海」『歴史学研究』911，2013年 b，160-168頁。

───「中世クレタにおける見えないフロンティア——都市カンディアの共生社会」『駒沢史学』84，2015年 a，54-90頁。

───「アレクシオスは平和の仲介者か——1299年前後のクレタにおけるヴェネツィア支配とギリシア人」服部良久（編）『コミュニケーションから読む中近世ヨーロッパ史——紛争と秩序のタペストリー』ミネルヴァ書房，2015年 b，488-512頁。

───「封地分配の行方——中世後期クレタにおけるヴェネツィア人入植政策とギリシア人の反応」『歴史学研究』946，2016年，23-32頁。

───「コンスタンティノープルのヴェネツィア人——13世紀のバイロと居留地」『ヨーロッパ文化史研究』20，2019年，17-28頁。

───「アナスタッスの遺言書——14世紀のクレタ島におけるエスニシティ」『駒澤大學文學部紀要』78，2021年刊行予定。

永井三明『ヴェネツィアの歴史——共和国の残照』刀水書房，2004年。

中平希『ヴェネツィアの歴史——海と陸の共和国』創元社，2018年。

根津由喜夫「聖山アトスのアマルフィ人修道院」『北陸史学』48，1999年，21-36頁。

───「十字軍時代のビザンツ帝国」歴史学研究会編『多元的世界の展開（地中海

世界史2）』青木書店，2003年，97-134頁。

フィリップス，J.，野中邦子・中島由華訳『第4の十字軍——コンスタンティノポリス略奪の真実』中央公論新社，2007年。

マクニール，W. H.，清水廣一郎訳『ヴェネツィア——東西ヨーロッパのかなめ，1081-1797』岩波書店，1979年（講談社学術文庫，2013年）。

本村凌二・高山博『地中海世界の歴史——古代から近代』放送大学教育振興会，2009年。

湯川武「ユダヤ人と海——ゲニザ文書から」家島彦一・渡辺金一編『海上民（イスラム世界の人びと4）』東洋経済新報社，1984年，107-136頁。

Christides, V., *The Conquest of Crete by the Arabs (Ca. 824): A Turning Point in the Struggle between Byzantium and Islam*, Athens: Academia of Athens, 1984.

Detrakis, Th., Davis, J. C. (trans.), *History of Crete*, Iraklion: Detrakis, 1994.

Dursteler, E. R., *Venetians in Constantinople: Nation, Identity, and Coexistence in the Early Modern Mediterranean*, Baltimore: Johns Hopkins University Press, 2006.

Georgopoulou, M., *Venice's Mediterranean Colonies: Architecture and Urbanism*, Cambridge: Cambridge University Press, 2001.

Lauer, R. N., *Colonial Justice and the Jews of Venetian Crete*, Philadelphia: University of Pennsylvania Press, 2019.

McKee, S., *Uncommon Dominion: Venetian Crete and the Myth of Ethnic Purity*, Philadelphia: University of Pennsylvania Press, 2000.

Nicol, D., *Byzantium and Venice: A Study in Diplomatic and Cultural Relations*, Cambridge: Cambridge University Press, 1988.

Panagiotakes, N., Davis, J. C. (trans.), *El Greco: The Cretan Years*, Farnham: Ashgate, 2009.

Petrucci, A., "Alessandro V, antipapa", *Dizionario Biografico degli Italiani* 2 (1960), 193-196.

Scylizes, I., *Synopsis Historiarum*, Codex Matrit. Bibl.nat.Vitr.26.2.

Skinner, P., *Medieval Amalfi and its Diaspora, 800-1250*, Oxford: Oxford University Press, 2013.

Thiriet, F., *La Romanie vénitienne au Moyen Age: le développement et l'exploitation du domaine colonial vénitien, XIIe-XVe siècles*, Paris: De Boccard, 1959 (1975 2nd ed.).

Tsougarakis, D., "Economic and Everyday Life in Byzantine Crete through Numismatic Evidence", *Jahrbuch der Österreichischen Byzantinistik*, 32-3 (1982), 457-466.

———, *Byzantine Crete. from the 5th Century to the Venetian Conquest*, Athens: Historical Publications St. D. Basilopoulos, 1988.

───── コラム③　聖テトス教会のたどった1000年 ─────

中世の地中海における宗教の
せめぎあいや対立を今に残すも
のとして，宗教施設のたどった
変化を見逃すことはできない。
ここでは，本章でも出てきたク
レタ島の聖テトス教会を取り上
げて，信仰の場が時代によって
どのように変容してきたのかを
見てみたい。

ゴルテュンの聖テトス教会跡

そもそもテトスとは，パウロ
の弟子とされる人物である。伝
承によれば，地中海をめぐるパウロの宣教の旅に同行し，クレタ島において長
老に任じられてその地に残ったとされる。『新約聖書』のなかには，パウロの
著したとされる「テトスへの手紙」があり，そこは「全てのクレタ人は嘘つき
である」というエピメニデスのパラドックスを用いつつ，クレタ島における布
教の困難さが記述されている。正確な没年ははっきりとしないものの，クレタ
島において死去したとされ，やがてクレタ島の守護聖人とみなされるようにな
った。

6世紀には，当時のクレタ島の行政上の中心であったゴルテュンに聖テトス
の頭蓋骨を聖遺物として奉じる聖堂が献堂された。しかし，本章においてみた
とおりゴルテュンはやがて荒廃し，961年にクレタ島がビザンツ帝国にとりも
どされたのちにはビザンツ帝国の支配するクレタ島において新しい行政の中心
となったカンダクスへと移されることとなった。このカンダクスは本章におい
てみたとおり，もともとはイスラーム勢力が築きハンダクと呼ばれた城塞であ
り，後のヴェネツィア支配ではカンディアと呼ばれるようになり，現在はイラ
クリオンと呼ばれている。

本章ですでに述べたとおり，9世紀にイスラーム支配を経験するなかで，支
配者の宗教も正教会からイスラームへとかわり，それに伴って聖テトス教会も
破壊を被ったといわれてきた。この教会堂はその後も，支配者の交代のたびに
施設に大きな改変が加えられてきた。1211年頃からヴェネツィアがクレタ島を
支配しはじめると，ヴェネツィアはこの教会堂を接収し，ローマ・カトリック
教会のクレタ島の大司座教会へと変えてしまう。以後，約450年にわたって
この教会は，ヴェネツィアから派遣されてきた大司教によってヴェネツィア系
の住民のために典礼が行われる場所となった。

イラクリオンの聖テトス教会

とはいえ，ヴェネツィアが支配した時代の聖テトス教会をめぐっては，奇妙な言説が残っている。この島を訪れた旅行者たちが残した記述のなかにしばしば，聖テトス教会のなかにはラテン人のための祭壇とともに，ギリシア人のための祭壇もあり，両者がともに祈りを捧げているという証言が見られることだ。

また，この聖テトス教会には11世紀にコンスタンティノープルで作成されたとされる「メソパンディティッサ」と呼ばれる聖母子像がかつて安置されていた。ギリシア語で「平和の調停者」を意味するこのイコンは，伝承によれば，1261年から1265年にかけてギリシア人がヴェネツィア人に対して反乱を起こしたさなかの1264年に，両者が争うあいだに立ち現れて紛争を終わらせる奇跡を起こしたのだという。実際に，この聖母子像を担いで市内の主要な正教会とローマ・カトリック教会とを練り歩く宗教行列が，支配者であるヴェネツィア人による資金の拠出のもとで催行されていた。教会堂が2つの宗派によって共有されていたかどうか，なお議論の余地はあるが，少なくとも支配者となったヴェネツィア人たちにとって，聖テトス教会という場が単なる宗教施設としてのみならず，ギリシア人との平和的な関係にもとづいてヴェネツィアがクレタ島を支配しているという状況を端的に示す，政治的な威信財としての意味合いを持っていたようだ。

1669年にオスマン帝国がクレタ島を征服したときに，聖テトス教会は2つの変化を経験した。1つは，この教会堂がモスクへと変えられたことだ。クレタ島争奪戦を指揮したオスマン帝国の大宰相であるキョプリュリュ・ファズル・アフメト・パシャに捧げられ，周囲に4本のミナレットを備えたヴェズィル・モスクへと名前を変えた。さらには，1895年の地震で建物が倒壊したため，純粋なモスク建築にて再建されることとなる。もう1つの変化は，ヴェネツィアによる崇敬対象の持ち去りである。カンディアの陥落にあたり，ヴェネツィア人たちは秘密裏に聖テトス教会の聖遺物である聖テトスの頭蓋と，聖母子像とを持ち出して，母国のヴェネツィアへと運んだのである。このうち，聖遺物は20世紀になってクレタ島に返還されたものの，聖母子像のほうは17世紀前半のペスト禍の鎮静祈念のために建造が開始された，ヴェネツィアの大運河沿いにあるサンタ・マリア・デッラ・サルーテ教会のなかに安置されることとなり，い

まだにクレタ島への返還は実現していない。このように，施設という意味でも，崇敬の対象となる聖遺物や聖画像という点でも，キリスト教徒の信仰の場としての教会堂は解体されてしまった。

　その後，クレタ島が1898年にオスマン帝国から独立したことに伴い，ヴェズィル・モスクは1925年に正教会の教会へと変えられることになった。今，私たちがイラクリオンを訪れて目にする聖テトス教会は，クレタ島においてくり返された支配者の交代を反映した，歴史的な重層性を持つ場なのである。

第 4 章

「イスラームの海」から「キリスト教徒の海」へ
──11〜15世紀の西地中海──

パルマ・ダ・マリョルカのジャウマ 1 世像

ジャウマ 1 世（ハイメ 1 世）は，バレアレス諸島とバレンシア地方をイスラーム勢力から征服し，征服王（el conquisitador）と称された，アラゴン連合王国の13世紀の国王である。現在でもカタルーニャ地方では国民的な人気を誇っている。写真は，バレアレス諸島の主要な島であるマリョルカ島の中心都市の広場に建つジャウマ 1 世の像である。土台の石積みには「マリョルカを征服王へ（Mallorca al conquisitador）」という文言が見える。

第4章関連年表

年	出　来　事
711	ウマイヤ朝の進攻で西ゴート王国が滅亡
718	アストゥリアス王国が成立。「レコンキスタ」の開始
756	後ウマイヤ朝が成立
801	カロリング朝のカール大帝が，スペイン辺境領を置く。バルセロナ伯領の母体
910	アストゥリアス王国が南方のレオンへ遷都。レオン王国へ
1031	後ウマイヤ朝が滅亡
1035	ナバーラ王国から分離し，カスティーリャ王国，アラゴン王国が成立
1073	グレゴリウス7世が教皇となる（-1085年）。教皇権の強化が進展
1085	カスティーリャ=レオン王アルフォンソ6世がトレードを攻略
1086	ムラービト朝がイベリア半島に進攻。サグラハス（サラカ）の戦いでアルフォンソ6世を破る
1130	対立教皇アナクレトゥス2世の承認により，シチリア王国が成立
1137	アラゴン王国とバルセロナ伯領が同君連合。アラゴン連合王国が成立
1143	カスティーリャ=レオン王国から分離し，ポルトガル王国が成立
1147	ムワッヒド朝がムラービト朝を滅ぼす
1212	ラス・ナバス・デ・トローサの戦い。キリスト教諸国の連合軍がムワッヒド朝を破る。以後，征服活動が進展
1220	シチリア王フェデリーコ2世が神聖ローマ帝国皇帝に即位（-1250年）
1230	カスティーリャ王国とレオン王国が最終的に統合される
1269	ムワッヒド朝が滅亡。以後，マグリブはモロッコ，アルジェリア，チュニジアの3地域の国家に分裂
1282	シチリアの晩禱。晩禱戦争（-1302年）で，教皇の権威失墜とシチリア王国の分裂へ
1369	カスティーリャでトラスタマラ朝が成立
1412	アラゴン連合王国でトラスタマラ朝が成立
1415	ポルトガルのエンリケ航海王子が，アフリカ北端の都市セウタを攻略。以後，アフリカ航路の開拓が進展
1442	アラゴン連合王国国王アルフォンス4世がナポリ王国を征服
1469	アラゴン王子ファランとカスティーリャ王女イサベルが結婚。スペイン王国成立（1479年）へ
1492	スペイン王国がグラナダを攻略し，ナスル朝が滅亡。「レコンキスタ」の終結

　西地中海では，13世紀までにキリスト教勢力がイスラーム勢力を政治的・軍事的に圧倒し，力関係を逆転させた。その後，14〜15世紀にはキリスト教圏内部で再編が進み，近世以降の政治的枠組みが形成されていった。

　イタリア半島もイベリア半島も，地理的に山や川によって分断されていたうえ，イスラーム勢力やフランス王，神聖ローマ皇帝といった外部勢力の介入や，内部でのシチリア王とローマ教皇の争い，また個別の都市の台頭などもあって，分権化が進んだ。そのなかで，西地中海の中心から距離があり，外交的・政治的問題に巻き込まれることが比較的少なかったカスティーリャとポルトガルだけが集権的国家として成長し，近世の大航海時代をリードしていくこととなる。

1　イスラームの退潮とキリスト教勢力の目覚め──11世紀の西地中海

イスラーム勢力の退潮

　10世紀頃から，イスラーム世界では最盛期が過ぎ，分裂と衰退の傾向が見えはじめる。750年に成立したアッバース朝は，イスラーム世界のほとんどを支配し，東西の交易路をおさえ，先行する諸文明の成果を吸収して経済や文化の面で繁栄したが，政治的な統合は緩やかであった。789年にモロッコでイドリース朝，800年にチュニジアでアグラブ朝が成立したのをはじめ，9世紀に入ると各地で地方政権が自立していく。特に10世紀には，チュニジアやエジプトに本拠を置くファーティマ朝と，イベリア半島に本拠を置く後ウマイヤ朝がカリフを名乗り，イスラーム世界の分裂が明確になった。その後も，10世紀半ばにはブワイフ朝（イラン系・シーア派）がアッバース朝（アラブ系・スンナ派）から実権を奪ってイラク・イランを支配するなど，イスラーム世界では混乱が続いた。

　地中海西部でも，同様の分裂と混乱が続いた。マグリブ（アフリカ北西部）では，ファーティマ朝がイドリース朝やアグラブ朝を支配下に置いたが，973年にベルベル系のズィール朝（チュニジア）が，1007年にやはりベルベル系のハンマード朝（アルジェリア北部）が自立した。ファーティマ朝は，エジプト

内部に居住するアラブ遊牧民（ベドウィン）をチュニジアやアルジェリアに移住させてこれらの王朝を攻撃させたため，ズィール朝やハンムード朝は弱体化し，かつチュニジアやアルジェリアのアラブ化が進んだ。

　この間，イベリア半島の大部分を占める後ウマイヤ朝は西方イスラーム世界の中心として栄えた。アブド・アッラフマーン3世（在位912-961年）は頻発していた反乱や外敵を抑え，経済や文化を振興して，929年からはカリフを名乗り，同国の最盛期を築いた。この頃には住民の大部分はイスラームやアラビア語を受け入れており，アンダルス（イスラーム・スペイン）文化が繁栄した。アブド・アッラフマーン3世の成功の要因は，1つには，スラヴ人奴隷やキリスト教徒の捕虜などの外国人奴隷からなる軍団を積極的に活用したことにあった。10世紀には，アラブ人やベルベル人の支配階級内で部族的な団結が弱まっており，部族反乱は減少したものの，正規軍も弱体化する結果となっていた。こうして後ウマイヤ朝は奴隷軍人や，新たにマグリブから導入されたベルベル系部族民に軍事力を依存することになったが，統率力のある君主が死ぬと，この体制にはほころびが見え始める。978年以降は，カリフではなく，ハージブ（侍従）となったマンスール（イブン・アビー・アーミル）が政治的実権を握る。彼はバルセロナやレオン，サンティアゴ・デ・コンポステーラなど北方のキリスト教圏に盛んに軍事遠征を行い，求心力を維持したが，1002年の彼の死後，ほどなくして後ウマイヤ朝はターイファ（イスラーム小王国）群に分裂していった。

イベリア諸国の形成と西欧への復帰

　この状況は，当然ながら，イベリア半島北部のキリスト教徒たちに有利に働いた。彼らは，8世紀初頭に西ゴート王国がウマイヤ朝に滅ぼされた際，半島の最北部に閉じ込められていたが，300年の間に次第に生存圏を拡大し，国家としての体裁を整えていった。

　イスラームの侵攻時，西ゴート貴族のペラーヨ（在位718-737年）が，険しいカンタブリア山脈の北のアストゥリアス地方に難を逃れ，イスラームの追撃を

破ってアストゥリアス王国を建てたとされる。とはいえ，この王国と西ゴート王国にはさまざまな点で断絶が見られる。この王国は当初，亡命西ゴート貴族たちと，在地のアストゥリアス人やカンタブリア人の混成集団であった。後者はローマ帝国にも西ゴート王国にも完全に服属したことのないバスク系の先住民であり，完全にキリスト教化していたかも疑わしい。アストゥリアス王国の王位継承も9世紀半ばまでは西ゴートのような男系相続ではなく，母系制的氏族制社会の特徴を持ち，親族内で継承争いが絶えない不安定なものであった。

　とはいえ，次第に南方へ領土を拡大してキリスト教徒住民を取り込み，また南方からモサラベ（イスラーム支配下のキリスト教徒住民）の移住を受け入れるなかで，この王国は次第に変容していった。アルフォンソ2世（在位791-842年）の治世には，宮殿や修道院が建設されてオビエドに首都が定められ，カール大帝（皇帝としては在位800-814年）の宮廷に使節が送られ，またサンティアゴ・デ・コンポステーラで使徒ヤコブの墓が「発見」され，王権が西ゴート王国と結びつけられるなど，次第に「西ゴート王国の後継者としてのキリスト教国家」という体裁が整えられていった。

　アルフォンソ3世（大王。在位866-910年）は征服運動を推進し，皇帝理念を導入して国王の権威を強化した。彼の退位後，アストゥリアス王国は南方のレオンに進出してこれを首都とし，レオン王国となる。その後，首都レオンから遠い東部辺境が次第に自立の動きを見せ，11世紀前半にはカスティーリャ王国へ発展する。その他，バスク人によるナバーラ王国やそこから分離したアラゴン王国，またフランク王国のカール大帝による征服地を母体としたバルセロナ伯領などの諸国が，11世紀初頭までに姿を見せつつあった（**図4-1**）。

　これらの諸国は，基本的にピレネー以北やイタリアのキリスト教圏と切り離されており，教会の典礼なども他の西欧と異なるものになっていった。また，貨幣も独自のものを持たず，フランク王国や後ウマイヤ朝の貨幣を使用し，しばしば後ウマイヤ朝に貢納金や人質を差し出すなど，経済や政治の面でも多くの問題を抱えていた。その一方で，キリスト教勢力とイスラーム勢力の間の人口希薄な地域へキリスト教徒の農民が定住を進めていき，多数の自由農民が創

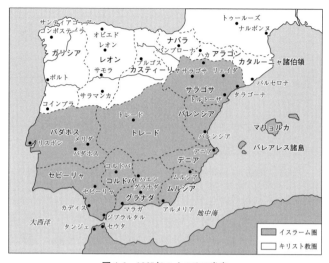

図4-1 1065年のイベリア半島

出典：阿部俊大『レコンキスタと国家形成』九州大学出版会，2016年，地図4より。

出された。特にイスラーム勢力との紛争が多かったカスティーリャでは，農民のなかからも軍役義務を果たす民衆騎士層が形成されるなど，他の西欧諸国と異なる特徴を持つ社会が形成されていった。また，イスラーム勢力とキリスト教諸国の間での協力や同盟もしばしば見られ，有名なエル・シッド（1045？年生-1099年没）のように，時にイスラーム側に仕えるキリスト教徒も存在するなど，宗教の垣根を越えた交流や往来が盛んだったのもこの時代の特徴であった。

　これらの諸国は，11世紀初頭に後ウマイヤ朝が分裂すると，南方への攻勢に出る。後ウマイヤ朝内部でカリフの位を争う諸党派が，それぞれカスティーリャ王やバルセロナ伯を傭兵として味方につけようとしたことも，彼らの進出を促した。この時期，キリスト教諸国は，ターイファ諸国が支払うパーリア（安全保障料）でうるおい，また南方への領土拡大を進め，特にカスティーリャ＝レオン王国のアルフォンソ6世（在位1072-1109年）は，イベリア半島の中央部に位置する，かつての西ゴート王国の首都であったトレードのターイファを征服した（1085年）。これ以降，キリスト教側がイベリア半島の地理的中心を掌

握することとなる。彼は「2つの宗教の皇帝」と名乗って，キリスト教徒だけではなくイスラーム教徒（ムスリム）なども自分の臣民であるとして権威の強化に努めた。その一方，クリュニー修道会との関係を強化し，教会の典礼をローマ式に改め，フランス貴族と婚姻関係を結び，西欧の知識人たちを受け入れてトレードでイスラーム文献の翻訳をさせるなど，イベリア半島と西欧の交流を推進したのである。このように11世紀のイベリア半島では，キリスト教徒の勢力がイスラームを逆転し，国家や文化の整備，西欧化も進んでいった。

11世紀までのイタリアの状況

イタリアではヴェルダン条約（843年）後，ほどなくカロリング王家が断絶し，その領域はカロリング系の諸侯や都市，教皇によって細分化された。また半島南部にはランゴバルド系の諸侯領やビザンツ領が，シチリア島にはイスラームのアグラブ朝系の首長国が存在した。このような政治的分裂は，19世紀のイタリア統一（1861年）まで解消されなかった。

その一方で，イタリアの各地域は経済や宗教，文化などの面で11世紀頃から成長を見せた。紀元1000年頃，西欧全体が安定を取り戻し，農業生産力や人口が増加していくが，その影響がもっとも顕著に現れたのが，ローマ帝国以来の伝統もあって都市の数が多く，かつ早くから都市が商人中心に運営される傾向にあったイタリアであった。

ヴェネツィアやアマルフィ，ジェノヴァやピサといった海洋都市は，早い時期から商人を中心とした自治都市となって，交易活動を推し進めた（第3章・第6章参照）。東方からの絹や香辛料，象牙を輸入し，西欧からの鉄・木材・奴隷や船舶用品——場所によってはガラス製品や岩塩，オリーブ油などの在地の商品がこれに加わった——を輸出する中継貿易によって，ヴェネツィアやアマルフィは経済力と海運力を強化し，9世紀には海戦でイスラーム勢力を破るほどの力を持つようになった。その後，ヴェネツィアはアドリア海の海賊退治や軍事支援と引き換えに，ビザンツ帝国から商業特権を得て，さらに成長していく。ピサとジェノヴァはコルシカ島とサルデーニャ島からイスラーム勢力を

追い出し，1088年には一時的にズィール朝の首都マフディーヤ（現在のチュニジアに所在）を攻略した。

　イタリアにおいて特筆すべきもう1つの変化は，いわゆるグレゴリウス改革である。保護者であるカロリング朝の衰退後，11世紀初頭までのローマ教皇庁は，ローマ周辺の有力貴族によって教皇が廃立されるほど衰え，混乱していた。1040年代には3人の人物が教皇位を争奪する事態が生じ，神聖ローマ皇帝ハインリヒ3世（皇帝としては在位1046-1056年）の介入を招いた。敬虔なキリスト教徒であったハインリヒは，この3人を全員教皇位から排除したうえで，自分の信任するドイツ人聖職者を次々と教皇に任命し，教会の倫理面での改革を推し進めた。

　しかし，これらの教皇の3人目であるレオ9世（在位1049-1054年）は，皇帝ではなく，教皇自身が主導して改革を進めることを意図し，教皇の皇帝の支配下からの独立，また教会の世俗権力からの独立という，さらに踏み込んだ改革を目指しはじめる。当時，西欧にはクリュニー系修道院の活動などによって教会改革の機運が広がっており，レオ9世のもとには西欧各地から優秀な改革派聖職者が集まった。レオの後継者である改革派教皇としては，ハインリヒ3世の息子の皇帝ハインリヒ4世（皇帝としては在位1084-1106年）を破門し，屈服させて教皇の権威を示したグレゴリウス7世（在位1073-1085年）や，教皇庁の制度を整備し，十字軍を提唱するなどして権威を高めたウルバヌス2世（在位1088-1099年）が有名である。彼らの活動の結果，ヴォルムスの協約（1122年）において，原則として教会の世俗権力からの自由が認められた。

　この間，シチリアや南イタリアは，思いがけない勢力によって統一される。南イタリアに分立していた勢力の1つによって，北フランスから傭兵として招聘されたノルマン人たちである。ノルマンディ地方の小貴族の六男であったロベール・ギスカール（ロベルト・イル・グィスカルド，1015年生-1085年没）は，当初数十名の部下を率いていただけであったが，南イタリア各地を征服し，統一することに成功した。ロベールは当時皇帝と争っていた教皇を軍事的に支援し，その代わりに教皇から支配の正当性を認められる。彼の甥ルッジェーロ

はイスラーム勢力からシチリア島を確保し，南イタリアを合わせ，その後，対立教皇から初代シチリア王とされて，シチリア王国の建国者となった。この国家は，イスラームの進んだ技術や文化，ビザンツ帝国の行政制度，ノルマン人の軍事力，またアマルフィなどの都市の経済力を兼ね備え，12世紀には，チュニジアやビザンツ帝国への進出を目指すなど，西欧の強国の1つとなった。

　こうして，11世紀から12世紀にかけて，かなりの経済力や軍事力を備えた北部の自治都市群，中部の教皇庁，南部のシチリア王国という，中世イタリア史の主役となる3つの有力な勢力が形成されていった。

2　イスラームの反撃とキリスト教社会の変容——12世紀の西地中海

イスラーム勢力の反攻

　マグリブは，無政府主義と平等主義を特徴とする異端のハワーリジュ派が支持を集めるなど，イスラーム内部でも多数の教説が入り混じる状況にあった。11世紀前半，その状況に飽き足りない一部のベルベル人の間で，クルアーンの字義通りの解釈を主張するマーリク派法学と，それにもとづいた厳格な教えを説く神学者イブン・ヤースィーンへの支持が広がり，彼らはリバート（城砦／修道施設）を築いて修道生活に入った。彼らは「城砦に住む人々」（ムラービトゥーン）と呼ばれ，修道生活の一方で身体の鍛錬に努めたが，次第にマグリブ各地を征服し，国家を形成していった。これがムラービト朝である。ムラービト朝は11世紀中に南方のガーナ王国をも征服し，首都マラケシュを建設して繁栄した。その広さはスペインの数倍に及び，軍隊はサハラの遊牧民やスーダンの黒人を含み，ラクダの騎兵隊・太鼓による伝言の伝達・騎兵密集陣の使用等，イベリア半島と異なる軍事技術を有していた（**図 4-2**）。

　1085年にアルフォンソ6世がトレードを征服したことで，イベリア半島のターイファ諸国は脅威を感じ，セビーリャのターイファの君主は，時のムラービト朝の君主ユースフ（在位1061-1106年）に軍事支援を求めた。ユースフは軍を率いてイベリア半島に渡り，サグラハス（サラカ）の戦いでアルフォンソ6世

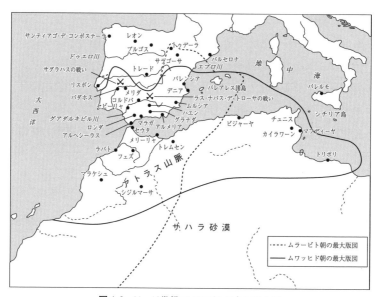

図4-2 11〜13世紀のアンダルスとマグリブ

出典：関哲行他編『世界歴史大系　スペイン史　1. 古代〜近世』山川出版社，2008年，107頁より。

を敗走させた。ユースフはその後，コルドバやセビーリャ，バレンシアなどのターイファを征服し，アンダルスを直接支配下に置いた。

　ユースフの死後，ムラービト朝はアンダルスの文化に染まって文弱化し，古くからのアンダルス住民との関係も悪化して衰退していく。この状況下で，ムラービト朝が掲げるマーリク派の信仰を形式主義的であるとし，そのもとでの道徳的退廃を非難する神学者イブン・トゥーマルト（1075年頃生-1130年没）が現れる。イスラーム神秘主義者ガザーリー（1058年生-1111年没）の著作などに学んだ彼は，1121年にマフディー（救済者）を名乗り，ムラービト朝への反乱を開始した。トゥーマルトの弟子で後継者であるアブド・アル・ムーミン（在位1130-1163年）はムワッヒド朝を興し，ムラービト朝を滅ぼして（1147年），アンダルスを支配下に置いた。その後，彼の後継者たちはカリフを名乗るようになる。

　このように，11世紀末から13世紀半ばにかけ，アンダルスは後ウマイヤ朝に

比べ，より宗教的に厳格な王朝の支配下に置かれた。また，11世紀末までのキリスト教徒の攻勢は中断され，勢力が均衡し，宗教的な敵対意識の高まるなかでの対峙状態がもたらされた。

キリスト教諸国の対応

キリスト教諸国の君主にとって，イスラーム圏への征服活動は，内政面でも重要な意味を持っていた。異教徒への攻撃を指導することで，キリスト教徒の指導者として権威を高めることできたし，また戦利品や占領地を分配することで，臣下の忠誠を確保していたのである。ムラービト朝の介入などでイスラーム圏への攻勢が中断すると，彼らの権威は動揺した。また，カスティーリャ＝レオン王アルフォンソ6世が息子を遺さず死去し（1109年），アラゴン王国では幼い女子が王位を継承し（1137），バルセロナ伯家でも内紛や幼い君主が続くなど，11世紀末から12世紀前半にかけ，各国で君主権力が動揺を見せた。

征服活動は停滞したが，この間，キリスト教圏の君主たちは，それまでにイスラーム側から征服していた土地をキリスト教徒の手に確保するために，再植民と呼ばれる，征服地へのキリスト教徒住民の入植活動を進めた。再植民自体は，8世紀以降断続的におこなわれてきた行為であったが，この頃までは，多くの場合，農民や有力者がいわば勝手に住民のいない土地に住みつき，開墾する行為であった。トレードの攻略頃を境に，再植民は君主の主導による，より組織的なものとなっていく。入植の条件は場所や時期によりさまざまであったが，入植者を誘致するため，基本的には彼らに有利な条件が提示された。例えば，カスティーリャ＝レオンではトレードの後背地にサラマンカ，アビラ，セゴビアなどの都市が築かれた。これらの都市では，戦闘員を確保するため，武装して騎乗し，従軍するだけの体力と経済力を示すことができた者は，騎士階級出身でなくても民衆騎士となり，軍役義務の代わりに免税などの特権を認められた。彼らを中心に形成された都市民兵は，ムラービト朝やムワッヒド朝の攻勢からキリスト教側の主要都市を守り抜き，また後の時代には，王権を支える重要な権力基盤となった。

また，グレゴリウス改革や十字軍運動，シトー修道会などの出現に現れているように，この時期，イスラーム圏だけではなく西欧のキリスト教圏でも，宗教的情熱の高まりが見られた。その現れとして，カスティーリャ゠レオン王国のイスラームとの前線に近い地域では，サンティアゴ騎士修道会，カラトラーバ騎士修道会，アルカンターラ騎士修道会などの騎士修道会（騎士であり修道士でもある，修道騎士たちの団体。戦闘を通じて神に奉仕する）が結成され，都市民兵と並び，イスラームとの戦闘に際しての重要な戦力となっていった。

　もう１つ，イスラームとの対峙に影響する新たな要素として指摘できるのが，外国勢力の介入である。この時代，ムスリムとの「聖戦」に参加し，かつ所領や地位を獲得して身をたてる目的で，フランスなどから貴族（の次三男）がイベリア半島に到来した。ブルゴーニュ伯の息子で，アルフォンソ６世の娘で後継者のウラッカ（在位1109-1126年）と結婚し，次の王アルフォンソ７世（在位1126-1157年）の父親となったレーモン（ラモン）はその代表例である。この外国人の参戦の動きの背景には，異教徒との戦い——具体的には十字軍と「レコンキスタ」——を推奨する，教皇庁の影響もあった。サンティアゴ巡礼の活発化や，ロマネスク様式の教会建築の増加は，この時代のイベリア半島のキリスト教諸国と西欧との関係の強化をよく示している。

　これらの変化のなかで，次第に混乱は収束していく。12世紀を通じ，キリスト教諸国は緩やかだが着実にイスラーム勢力との国境線を南下させていった。混乱期に王権に反抗的な姿勢を見せていた地方の貴族たちに対しても，基本的には，既得権益をある程度認める代わりに君主への忠誠や奉仕を誓わせる形で再統合が進められた。ただし，征服活動は王権だけではなく，貴族層にも権力強化の機会を与えるものであるという事実は変わらず，彼らは中世を通じ，王権にとっての潜在的な不安定要素であり続けた。

　この頃イベリア半島東部では，幼いアラゴン女王が隣国のバルセロナ伯と結婚し，同君連合国家のアラゴン連合王国が成立する（1137年）。イベリア半島西部では，カスティーリャ゠レオン王国が動揺するなかで，ポルトガルが分離し，王国となる（1143年）。その一方で，ナバーラ王国はイスラーム勢力との

境界から切り離されて山中の小国となった。こうして，イベリア半島西部にポルトガル，中央部にカスティーリャ＝レオン王国，東部にアラゴン連合王国が存在する，中世イベリア半島の基本的な構成が固まっていった。

　このように，教皇庁の介入や騎士修道会の参戦を通じ，キリスト教諸国でもイスラーム勢力との宗教的な対決姿勢が鮮明となっていった。また，再植民の進展や外国の介入もあって，戦争に備えた体勢が整えられていった。

12世紀のイタリアの状況

　上記のように，12世紀の西地中海ではキリスト教勢力とイスラーム勢力の政治的・軍事的な対立が目立つようになったが，経済面での交流は衰えを見せなかった。特に11世紀末から十字軍運動が起こると，ジェノヴァやヴェネツィアなどの海洋都市では，東方との接触が盛んとなり，イスラーム圏との交易はむしろ活発化していった。地中海交易の繁栄のなかで，北・中部イタリアでは，内陸部も含め，多くの都市が成長を見せた。

　この状況に，神聖ローマ皇帝とローマ教皇の対立がさらなる刺激を与える。皇帝フリードリヒ1世バルバロッサ（在位1155-1190年）は，教会に代わる新たな権力基盤を求め，北イタリア諸都市に対する支配の強化を目指した。しかし，北イタリア諸都市は，ローマ教皇の支援を受け，ミラノなどを中心にロンバルディア同盟を結成して対抗し，レニャーノの戦い（1176年）で皇帝を大敗させた。その後も皇帝と教皇の対立のなかで，諸都市は権力の空白を利用し，また自己により良い条件を出す側に随時味方して，独立性を高めていった。

　12世紀の教皇庁は，世俗権力からの独立を確保したヴォルムスの協約（1122年）後，在位期間が短い教皇が続いたこともあり，制度面の整備が進んだ以外，目立った動きは少なかった。フリードリヒ1世バルバロッサと長期間対立したアレクサンデル3世（在位1159-1181年）のような，例外的に活動的だった教皇もいたが，教皇権のさらなる展開は，12世紀末のインノケンティウス3世の時代（在位1198-1216年）を待たねばならなかった。

　南イタリアでは，シチリア王国が隆盛を見せていた。初代の王ルッジェーロ

2世が，ムラービト朝治下のセウタ出身の地理学者イドリースィー（1100年頃生-1165年頃没）に命じて世界地図や，その解説書である『ルッジェーロの書』を作らせるなど，同国ではイスラームをはじめ多様な文化が取り入れられて繁栄した（コラム⑥参照）。その一方で，12世紀を通じ，シチリア島では次第にイタリア北部等からのキリスト教徒移民が増加し，従来からのムスリム住民は減少する傾向にあった。また，1189年に国王グリエルモ2世（在位1166-1189年）が息子を遺さずに死ぬと，王位は紆余曲折の末，彼の叔母コスタンツァの夫で神聖ローマ皇帝であるハインリヒ6世（在位1191-1197年）の手に渡った（1194年）。このハインリヒも1197年に急死し，後継者となったハインリヒ6世とコスタンツァの息子フェデリーコ（フリードリヒ）2世（シチリア王としては在位1197-1250年。皇帝としては在位1220-1250年）は数え年3歳で，王家の交代に伴う混乱や幼少の君主が続いたシチリア王国では混乱が生じた。

　このように，イタリアでは都市の台頭と，皇帝・教皇・シチリア王といった強大な権力の停滞によって，分裂傾向が促進された。イスラーム圏とは経済的・文化的な交流が続く一方で，政治面では敵対的な傾向が生じていった。

3　キリスト教社会の勝利と変質──13世紀の西地中海

ムワッヒド朝の問題点

　ムワッヒド朝はスペインからチュニジアまで至る広大な版図を有していたが，国土が砂漠や山脈で分断されていたうえ，民族構成は非常に雑多であった。東部には，エジプト方面から移動してきたアラブ遊牧民（ベドゥィン）が居住していた。ムワッヒド朝は彼らがさらに西へ移住しようとするのを食い止めており，彼らの忠誠心は疑わしかった。モロッコでは，ベルベル系遊牧民のマリーン族が反抗的な態度を示していた。その他のベルベル人も，常に部族間で反目し合っていた。特にムワッヒド朝の中心となっていたマスムーダ族の特権は，他のベルベル人の間に嫉妬を引き起こしていた。ユダヤ人はイスラーム教を強制されており，ムワッヒド朝への忠誠心は疑わしかった。マイモニデス（1135

年生-1204年没）のように，迫害を逃れてエジプトへ移住する知識人もいた。このように，ムワッヒド朝の国土は広大だが地理的・人的に分裂していた。書き言葉や法律，学校や長距離貿易といった，一体的な文明を築くための要素も欠けていた。戦争はしばしばこの広大な国土の両端（スペインとチュニジア）で起こり，首都マラケシュは交通の便を欠いていた。

さらに，支配層と民衆の間にも乖離が見られた。歴代のカリフはしばしばハレムにいたキリスト教徒女性を母としており，アンダルスやマラケシュの宮廷で育てられ，成長後もキリスト教徒の妾を持ちつつ宮廷で生活した。このような環境下では，イスラームへの熱狂的な信仰心を持つこと，また民衆との連帯を維持することは困難であった。コルドバのイブン・ルシュド（アヴェロエス，1126年生-1198年没）のような哲学者と，神学的にデリケートな問題を論じるカリフもいた。またムワッヒド朝はマーリク派法学を攻撃したが，現実にはマーリク派の教育を受けた法曹から文官を徴募しなければならなかった。

このように，ムワッヒド朝では複雑な民族構成や支配層と民衆の乖離のため，一体感や忠誠心が欠けており，12世紀の間に体制を整えたキリスト教側に対し，次第に軍事面で圧倒される傾向が現れてきた。

キリスト教諸国の攻勢

この状況下で，イベリア半島ではキリスト教諸国がアンダルスに対する攻勢を強めていった。トレード大司教ロドリゴ・ヒメネス・デ・ラダやローマ教皇インノケンティウス3世は，キリスト教諸国に対し，お互いに争うことをやめ，団結してイスラーム勢力と戦うように説いた。1212年，カスティーリャ王アルフォンソ8世（在位1155-1214年）を中心としたキリスト教諸国の連合軍が，ラス・ナバス・デ・トローサで，カリフのムハンマド・ナースィル（在位1198-1213年）が率いるムワッヒド朝軍を破り，キリスト教側の軍事的優位を決定づけた。この戦いの後，ムワッヒド朝は反抗的な部族や地方総督の自立によって分裂していき，キリスト教側は一気に攻勢に出た（**図4-3**）。

1212年から1252年にかけてのキリスト教側の征服活動は，「大レコンキスタ」

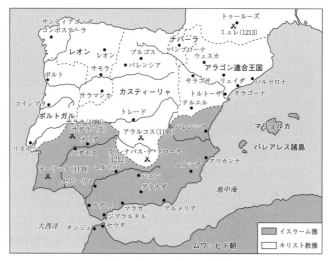

図 4-3　1214年のイベリア半島

出典：阿部俊大『レコンキスタと国家形成』九州大学出版会，2016年，地図 5 より。

図 4-4　13世紀半ば～15世紀末のイベリア半島

出典：阿部俊大『レコンキスタと国家形成』九州大学出版会，2016年，地図 6 より。

と呼ばれる。カスティーリャ=レオン王国は、アルフォンソ7世の死後、長男がカスティーリャ王国、次男がレオン王国を継承した（1157年）ため、分裂していたが、アルフォンソ7世のひ孫であるカスティーリャ王フェルナンド3世（在位1217-1252年）が、レオン王国をも継承して（1230年）、両国を最終的に統合した。フェルナンドは勢いに乗ってイスラーム圏の征服を進め、コルドバ、セビーリャなどイベリア半島南部の主要な都市を攻略し、最後に残ったグラナダのターイファも服属させた。

　この間、アラゴン連合王国はジャウマ1世（在位1213-1276年）のもとでバレアレス諸島やバレンシアを征服し、イベリア半島東部の征服を完成させた。ポルトガル王国は、アフォンソ3世（在位1248-1279年）のもとで、1249年にイベリア半島西南部に残っていたイスラーム勢力を征服した。こうして、13世紀半ばまでに、グラナダ王国を除いて、イベリア半島はキリスト教諸国の支配下に入ったのである（**図4-4**）。

国土の再編

　征服の完成は、キリスト教側の諸王国に新たな課題をもたらした。それまで国内の各地域の法や統治体制は、イスラーム側から征服した時の状況などに応じて多様なものとなっていたが、それをどうやって統一的なものに変えていくのか。軍事中心の社会や経済の体制を、どのようにして生産や交易中心の体制へ移行させ、文化的な活動も振興させるのか。また、征服の指揮やそれがもたらす富（略奪品や征服地、奴隷など）によって維持してきた、求心力や国内の有力者からの忠誠を、どのように維持するのか。13世紀半ば以降、イベリア半島のキリスト教諸国はこれらの困難な課題に取り組むこととなる。

　カスティーリャでは、フェルナンド3世の子アルフォンソ10世（在位1252-1284年）が法や政治制度の統合を推進した。彼はローマ法理念にもとづき、地方ごとにバラバラであった法律を統一するため、『七部法典』を編纂させた。また、各地の地域法（フエロ）の上位に置かれる『フエロ・レアル』（国王のフエロ）も編纂させた。さらに、国王裁判所の権限の強化や、宮廷儀礼の整備、

図4-5 イベリア半島におけるアラゴン連合王国
の構成地域

出典：阿部俊大『レコンキスタと国家形成』九州大
学出版会，2016年，地図2より。

コルテス（身分制議会）の定期的開催
など，王権を強化しつつ政治制度の整
備を図った。しかし，これらの政策は
貴族や都市の反発を招き，『七部法典』
が実際に効力を持ったのは，ようやく
彼のひ孫アルフォンソ11世の治世
（1312-1350年）に入ってからであった。

政治面での失敗とは対照的に，「賢
王el Sabio」というあだ名に反映され
ているように，彼の文化政策は高い評
価を得ている。彼はラテン語に代えて
カスティーリャ語の公用語化を推進し，
サラマンカ大学に特権を付与した。ま
た，『スペイン史』や『世界史』を編
纂させ，自ら詩作や作曲を手掛けた。

さらに，彼はキリスト教徒・イスラー
ム教徒・ユダヤ教徒の「三宗教の王」と呼ばれることを好み，多くのイスラー
ム圏の著作を翻訳させている。11世紀のトレードの征服（1085年）以降，すで
に多くのイスラーム世界の著作がアラビア語からラテン語に翻訳されていたが，
彼は主としてカスティーリャ語への翻訳を推進した。天文学などの学術書に加
え，チェスや双六の本，説話集など，多岐にわたるジャンルの作品が翻訳され，
カスティーリャ文化の発展に貢献した。

アラゴン連合王国では，ジャウマ1世のもとで再植民が進められた。彼の旧
来の領土（バルセロナ伯領とアラゴン王国）では，貴族や教会の力が強く，国王
権力が弱かったため，征服地を国王が強力な支配を行える別個の領土とするこ
とが意図された。このため，バレアレス諸島は「マリョルカ王国」，バレンシ
ア地方は「バレンシア王国」という，旧来の領土とは別個の王国となり，旧来
の領土と同君連合を組むという体裁が取られた（**図4-5**）。バレンシア王国全体

に共通する法として付与された（1240年）『バレンシア地域法』には，貴族権力の発達を抑えようとする意図が見られる。

この間，バルセロナ伯領やアラゴン王国といった旧来の領土では，都市代表も参加する身分制議会（コルツ／コルテス）が整備され，都市バルセロナでは百人議会と呼ばれる都市政体が形成された。また，ジャウマ1世はローマ法学者を登用して，慣習法や地域法を楯に特権を主張する貴族に対し，領域的な法観念の導入を図った。アラゴンでは『アラゴン地域法』が編纂され（1247年），バルセロナ伯領では『バルセロナ慣習法』が整備された。ジャウマ1世と息子のペラ2世（在位1276-1285年）の治世にかけ，国王顧問会議や尚書局，財務長職や国王法院といった行政機構が形成されていった。このような王権強化策は，カスティーリャと同様，従来多くの特権を享受していた貴族の反発を呼び，両王の治世では幾度となく貴族反乱が発生した。

なお，地中海沿岸でもともとムスリムの人口が多かったこの地域では，彼らが国王の重要な財源となったこともあり，中世を通じて多くのムスリム住民（ムデハル）やユダヤ人住民が居住し続けることとなった。マリョルカ島出身のラモン・リュイ（1232？年生-1315年没）のように，アラビア語やイスラーム思想を学んだうえで，ムスリムと対話し，彼らをキリスト教へ改宗させようとする試みも見られた。彼は命がけでマグリブへの伝道に赴き，最後は殉教的な死を遂げたが，その一方でしばしばローマ教皇庁に十字軍の再開を訴えてもいた。ドミニコ会やフランチェスコ会といった修道会によっても，イスラーム圏への伝道の試みが生じている。

教皇庁とフェデリーコ（神聖ローマ帝国皇帝としてはフリードリヒ）2世

キリスト教の権威が優越し，ムスリムが退けられていくという状況は，イタリアでも生じていた。教皇権の絶頂期を現出したとされる教皇インノケンティウス3世は，第4回十字軍（1202-1204年）を提唱し，第4回ラテラノ公会議（1215年）でユダヤ人やイスラーム勢力に対する規制を強化し，イスラーム圏との取引への規制を示すなど，異教徒に対し，強硬な姿勢を取っていた。この

姿勢は，ホノリウス3世（在位1216-1227年）やグレゴリウス9世（在位1227-1241年），インノケンティウス4世（在位1243-1254年）など，続く13世紀前半の教皇たちにも共通していた。

これに対し，シチリア王国では国王フェデリーコ2世が，異教徒に対し融和的な政策を取っていた。イスラーム文化やビザンツ文化，ラテン文化が並存するシチリア島で育った彼は，シチリア島内のムスリムをイタリア半島南部の都市ルチェーラに集団移住させて自治を認めた他，第5回十字軍（1228-1229年）では，アイユーブ朝のスルタンと対話し，平和裏にイェルサレムを奪回した。さらに，自らもアラビア語を理解し，イスラーム圏からの文化の導入にも積極的であった。また，1231年には『皇帝の書』と呼ばれる法令群を公布し，宗教（キリスト教）に依拠しない中央集権的国家を目指す姿勢を鮮明にした。

このようなフェデリーコの政策は，教皇庁の方針と相容れないものであった。教皇グレゴリウス9世やインノケンティウス4世はフェデリーコを破門し，またジェノヴァやヴェネツィア，ミラノなどの都市も味方に引き入れて，フェデリーコと争った。その他の都市も教皇派と皇帝派に分かれて抗争を展開した。第1回リヨン公会議（1245年）では，フェデリーコへの対応が主たる議題とされるほどであった。

フェデリーコ2世が1250年に死ぬと，彼の庶子のマンフレーディがシチリア王（在位1258-1266年）となる。教皇庁はフェデリーコの子孫へも攻撃の手を緩めず，教皇庁の支持を受けたシャルル・ダンジュー（フランス王ルイ9世の弟。アンジュー伯シャルル）が，1266年に戦闘でマンフレーディを殺し，その後，マンフレーディの甥のコンラーディンを1268年に敗死させてフェデリーコの男系子孫を絶やし，シチリア王（在位1266-1282年）となった。

このように，13世紀の西地中海では，キリスト教徒の軍事的優越が明らかとなり，地中海北岸はキリスト教徒の政治的支配下に置かれた。また，アラゴン連合王国やフェデリーコ2世のように，ムスリムに対し融和的な政策がとられることもあったが，教皇庁の介入などによって制約を受け，西欧全体では第4回ラテラノ公会議などによって異教徒への規制が強化されていった。

4　キリスト教圏内部の紛争と再編の時代──14世紀の西地中海

マグリブの政治的分裂と残照

　ラス・ナバス・デ・トローサでの敗戦後，ムワッヒド朝のカリフは，キリスト教徒やアラブ人の傭兵を用いるなどして国家の立て直しを図る。しかし，その政策はかえって，熱心なベルベル人ムスリムを中核としていた国家の衰退と分裂を招き，ムワッヒド朝は緩やかに消滅していった。その後，マグリブではモロッコのマリーン朝，アルジェリア北部のザイヤーン朝，チュニジアのハフス朝という，3つの王朝が分立した。

　これらの王朝のもとで，前代からの政治面や経済面での問題点が顕在化し，勢力の均衡は明らかにキリスト教側に傾いていった。政治や軍事の面についていえば，これらの国家もムワッヒド朝など先行する諸王朝と同じく，忠誠心が不安定な部族だけではなく，トルコ人やクルド人，キリスト教徒などさまざまな外国人の傭兵軍ないし奴隷軍に依拠する傾向を強めていた。そのうえでなお，例えばハフス朝はシチリア王国のフェデリーコ2世に，ザイヤーン朝はアラゴン連合王国に庇護を求めなければならなかった。マリーン朝では，アラブ遊牧民の移住を受け入れ，支持基盤とすることが試みられた。この結果，在来のベルベル人のアラブ化も進行し，ムラービト朝やムワッヒド朝の時代と異なり，モロッコではアラビア語が中心的な言語となっていった。

　経済面でも衰退の兆しが生じていた。ムラービト朝がガーナ王国を征服（1076年）して以来，サハラ以南で産出される黄金がマグリブへもたらされ，同地域の国家の重要な財源となっていた。しかし，マグリブの経済的繁栄の頼みの綱であったサハラ以南からのサハラ越え交易のルートは，14世紀にはエジプトへ向かうように変化する。サハラ以南を支配するマリ王国の有名なマンサ・ムーサ王（在位1312-1337？年）が，メッカ巡礼の帰りにマムルーク朝の首都カイロで，黄金の相場が下落するほど大量の黄金を与えたという逸話は，この状況と無関係ではないであろう。この交易ルートの変化は，関税収入に依存

していた国家に大きな打撃を与えた。

　ただし，この時代はマグリブがもっとも文化的輝きを放った時代でもあった。アンダルスからイスラーム系住民が流入し，西欧諸国との交易も継続的に行われて，都市や文化が繁栄を見せたのである。一例として，マリーン朝下で生まれたイブン・バットゥータ（1304年生-1368年没）は，21歳の時にメッカ巡礼に旅立った後，インドや東南アジアを経て，元代末期の中国に至る大旅行を行った。帰国後もサハラ地方やアンダルスを旅し，日本では『三大陸周遊記』の名で知られる旅行記を著した。また，ハフス朝の首都チュニスではイブン・ハルドゥーン（1332年生-1406年没）が生まれる。彼は成人後，ハフス朝やマリーン朝，またナスル朝グラナダ王国などに仕えるが，各地で政争に巻き込まれるなど流転の人生を辿った後，学問に専念するようになる。彼の経験と，アンダルスやマグリブ各地で得た学識をもとに『歴史序説』などが著され，当時のマグリブ社会の状況が後世に伝えられている。

　とはいえ，これらの知識人の活躍は，いわば最後の輝きであった。マグリブはムワッヒド朝の後，統一を取り戻すことはなく，16世紀にはオスマン帝国の支配下に入り，イスラーム世界の辺縁となっていった。

14世紀のカスティーリャ

　カスティーリャでは，アルフォンソ10世以降，王権強化のための諸改革に対する揺り戻しが続き，幼い国王が続いたこともあって王権が安定しなかった。しかし，アルフォンソのひ孫のアルフォンソ11世（在位1311-1350年）が1325年に親政を開始すると，状況は一変する。彼は王族間の内紛を鎮め，1344年にはマリーン朝とナスル朝にサラードの戦いで勝利して権威を高めた。この成果を背景に，『七部法典』が実定法化され，上級都市官職を国王が任命するレヒドール制が導入されて国王の都市支配も強化された。

　また，13〜14世紀前半のカスティーリャは経済面でも成長を見た。アルフォンソ10世は各地のメスタ（移動牧畜業者組合）を全国メスタに再編し，また貨幣や度量衡を統一するなど，一連の経済政策を実施していた。その後，トレ

カスティーリャ＝レオン

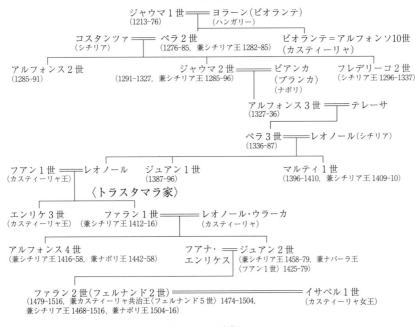

アルフォンソ10世(1252-84) ═══ ビオランテ(アラゴン)

マリア・デ・モリーナ ═══ サンチョ4世(1284-95)

フェルナンド4世(1295-1312) ═══ コンスタンサ(ポルトガル)

レオノール・デ・グスマン ═══ アルフォンソ11世(1312-50) ═══ マリア(ポルトガル)
（庶出）

〈トラスタマラ家〉エンリケ2世(1369-79) ═══ フアナ・マヌエル　ペドロ1世(1350-69)

レオノール ═══ フアン1世(1379-90)　　　　　コンスタンサ ═══ ジョン・オブ・
(アラゴン王ペラ3世の娘)　　　　　　　　　　　　　　　　　　　　　　　ゴーント
　　　　　　　　　　　　　　　　　　　　　　　　　　　　　　　　　（ランカスター公)

フェルナンド1世　　　エンリケ3世(1390-1406) ═══ カタリーナ・デ・ランカスター
（ファラン1世）
（アラゴン王)　　マリア(アラゴン) ═══ フアン2世(1406-54) ═══ イサベル(ポルトガル)

フアナ(ポルトガル) ═══ エンリケ4世(1454-74)　　　イサベル1世 ═══ ファラン2世
　　　　　　　　　　　　　　　　　　　　　　　　　　(1474-1504)　　（フェルナンド2世）
　　　　　　　　　　　　　　　　　　　　　　　　　　　　　　　　（アラゴン王1479-1516, カス
アフォンソ5世 ═══ フアナ・ラ・ベルトラネーハ　　　　　　　　　　　ティーリャ共治王1474-1504)
（ポルトガル王)

アラゴン

ジャウマ1世 ═══ ヨラーン(ビオランテ)
(1213-76)　　　　（ハンガリー）

コスタンツァ ═══ ペラ2世　　　　　　　　ビオランテ ═══ アルフォンソ10世
（シチリア）　　(1276-85, 兼シチリア王1282-85)　（カスティーリャ）

アルフォンス2世　　　　ジャウマ2世 ═══ ビアンカ　　　　フレデリーコ2世
(1285-91)　　　　(1291-1327, 兼シチリア王1285-96)（ブランカ）　（シチリア王1296-1337)
　　　　　　　　　　　　　　　　　　　　　　（ナポリ）

アルフォンス3世 ═══ テレーサ
(1327-36)

ペラ3世 ═══ レオノール(シチリア)
(1336-87)

フアン1世 ═══ レオノール　　ジュアン1世　　　　　　マルティ1世
（カスティーリャ王）　　　　　(1387-96)　　　　(1396-1410, 兼シチリア王1409-10)
〈トラスタマラ家〉

エンリケ3世　　　ファラン1世 ═══ レオノール・ウラーカ
（カスティーリャ王）（兼シチリア王1412-16)（カスティーリャ）

アルフォンス4世　　　　　　　フアナ・ ═══ ジュアン2世
（兼シチリア王1416-58, 兼ナポリ王1442-58)エンリケス　（兼シチリア王1458-79, 兼ナバーラ王
　　　　　　　　　　　　　　　　　　　　　（フアン1世〉1425-79)

ファラン2世（フェルナンド2世） ═══ イサベル1世
(1479-1516, 兼カスティーリャ共治王〈フェルナンド5世〉1474-1504,　（カスティーリャ女王）
兼シチリア王1468-1516, 兼ナポリ王1504-16)

・1162年アラゴン連合王国成立以降, バルセロナ伯がアラゴン王を兼ねる。
・1239年以降, バルセロナ伯・アラゴン王はバレンシア王も兼ねる。

図4-6　系図

出典：関哲行他編『スペイン史1　古代〜近世（世界歴史大系）』山川出版社, 2008年, 76-77頁より改変。

ードやコルドバなど，南部や中部の都市で羊毛業や毛織物業が発展を見た。また，北部ではビルバオやサンタンデールなど，新たな海港都市が形成され，造船業や鉱山開発，製鉄業が発展した。こうして，南部の羊毛や毛織物が北部の港湾都市に集められ，鉄製品などとともにイギリスやフランス，フランドルに輸出されることとなった（第6章参照）。

ただし，南部のアンダルシア地方やエストレマドゥーラ地方では，入植者が不足していたこと，イスラーム系住民が早期に反乱を起こしてマグリブやグラナダ王国に退去し，あるいは追放されてしまったことから，人口が伸び悩んだ。この地域では，騎士修道会などによる大土地所有制と人口の希薄化が特徴となり，現在までその影響が及んでいる。

また，1350年代頃からペストが流行すると，人口の減少や農民の耕作地放棄と都市流入が続き，社会不安が増大した。アルフォンソ11世の子ペドロ1世（在位1350-1369年）は，賃金や物価の統制，ユダヤ人官僚の登用など強権的な政策で危機を乗り切ろうとしたが，この政策は不満を呼んだ。結局，彼の異母兄弟であるエンリケ・デ・トラスタマラが起こした反乱によってペドロ1世は殺され，庶子であったエンリケによって新たな王朝が開かれることとなった（図4-6）。

「シチリアの晩禱」とアラゴン連合王国の海上進出

アラゴン連合王国でも王権の強化が試みられたが，「シチリアの晩禱」以降の戦争により，その試みは頓挫した。シチリア王マンフレーディの娘コスタンツァを妻としていたペラ2世（在位1276-1285年）は，シチリア島を巡り，フランス王やローマ教皇，シャルル・ダンジューを敵に回して，いわゆる晩禱戦争を開始する（1282年）。これらの強力な敵に対抗するため，国内の諸勢力の支援を受ける必要があり，ペラは1283年のバルセロナでの身分制議会で，諸身分に国王立法に対する承認権を与えるなど，大幅な譲歩を余儀なくされた。

この戦争は長期化し，1295年，ペラ2世の息子ジャウマ2世（在位1291-1327年）は，アラゴン連合王国がシチリア島を手放し，代わりにサルデーニャ島を

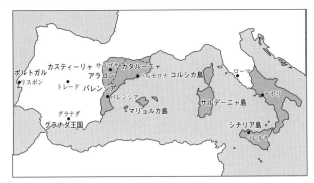

図4-7 15世紀におけるアラゴン連合王国の最大版図
出典：阿部俊大『レコンキスタと国家形成』九州大学出版会，2016年，地図 1。

得ることなどを条件に教皇らとアナーニ条約を結ぶ。しかし，シチリア島民は これを拒否し，ジャウマの弟フレデリーコを推戴して戦争を継続した。1302年， カルタベロッタ条約でフレデリーコがシチリア島を王として支配することが認 められ，ようやく戦争が終結した。

　長期間に渡る戦争は財政を逼迫させ，王権は議会への依存を強めた。また， アラゴン地方の議会の同意を得ないまま開始された軍事行動であったため，不 満を抱いたアラゴン貴族たちによる大規模な反乱も生じた。長年の戦争を経て 領有を認められたサルデーニャ島も，シチリア島と異なり，島民が反抗的であ り，実質的な支配は困難であったうえ，それまでにサルデーニャ島に進出して いた，ジェノヴァやピサとの抗争も招いた。カスティーリャと強固な経済的結 びつきを持つジェノヴァとの対立は，後に大きな問題となっていく。

　その一方，マリョルカ島やシチリア島，またサルデーニャ島を勢力下に置く ことで，アラゴン連合王国，特にカタルーニャ（バルセロナ伯領）の商人によ る海上交易は大きく成長した。東地中海との香辛料貿易や，それを商品とした イングランドやフランドルとの大西洋貿易が行われた。また西地中海ではマグ リブとの交易が行われ，そこではシチリア島やサルデーニャ島の物産も輸出品 とされている。マグリブやエジプトをはじめ，各地に居留地と領事が置かれ， 14世紀後半にはバルセロナの商業裁判所の書記によって『海事法令集』が編纂

された。13世紀後半から14世紀前半にかけ、アラゴン連合王国は地中海の広い範囲に政治的・経済的な影響力を及ぼし、最盛期を迎えたのである（**図4-7**）。

14世紀のイタリア

シチリア王国ではシャルル・ダンジューによる支配への不満が次第に高まり、1282年にシチリア島民による反乱が勃発した。いわゆる「シチリアの晩禱」事件である。シチリア島民は、マンフレーディの娘婿であったアラゴン連合王国の国王ペラ2世を推戴し、ここに、アラゴン連合王国とシチリア島民が、シャルルと彼を支持する教皇やフランス王の連合軍と戦うこととなった。

兵力は後者が優越していたが、前者は海軍力や島民の粘り強い抵抗によって対抗し、この晩禱戦争（1282-1302年）は長期化した。結局、カルタベロッタ条約（1302年）によって、シチリア王国は二分割され、イタリア半島南部はナポリ王国としてシャルルの子孫が支配し、シチリア島は別個の王国（一般にシチリア王国と呼ばれる）としてペラ2世の三男フレデリーコの家系が支配することとなった。とはいえ、その後もナポリ王国とシチリア王国は折に触れて抗争を展開し、次第にともに衰退していった。また、フェデリーコ2世以来の強力な経済の管理統制やその後の混乱のなかで、この地域の商工業は次第に衰え、経済的には農業地域へと転落していった。

この晩禱戦争の失敗は、教皇庁の権威や権力の限界を示すものでもあった。同じ頃、教皇庁の権威の再建を図った教皇ボニファティウス8世（在位1294-1303年）は、フランス王国内の司教人事や教会への課税の問題を巡り、フランス王フィリップ4世（在位1285-1314年）と対立する。結局、ボニファティウスはフィリップの配下に襲撃され、その際の精神的なショックがもとで死亡する。その後、教皇庁は南フランスのアヴィニョンに移された（1309-1377年）。こうして14世紀を通じ、教皇庁の権威は低下していった。アヴィニョン教皇庁は、西欧各地からの集金制度を整え、芸術家を保護して財政面や文化面では繁栄を見せるが、その拝金主義の傾向や贅沢ぶりもさらなる批判の的となった。

このように皇帝権（南イタリア）と教皇権（中部イタリア）の双方が衰退を見

せるなかで，北イタリアの諸都市はさらに自治の動きを強めていった。皇帝の代官や教皇の代官を務めていた有力家系は，次第に自立した支配者へと変化していく。また，皇帝派や教皇派を名乗る派閥対立のなかで，諸都市の支配家系や支配党派，支配体制も次第に固定されていった。この頃から，公共の利益という言葉のもとに，都市政府が都市の美化や都市計画を進める動きも顕在化していく。経済的に豊かで自立した都市群の中では，文化活動も活発化し，14世紀頃からイタリアは本格的なルネサンス期に入った。

　またこの間，イスラーム地域との交易も活発に行われていた。12世紀末にイベリア半島南部からメッカに巡礼したイブン・ジュバイル（1145年生-1217年没）は，早くも往路・復路ともにジェノヴァ船を用いていた（第6章参照）。ムワッヒド朝末期から，アンダルスではアンダルス商人の船が往来することは少なくなり，代わってジェノヴァ商人をはじめとするキリスト教徒の船舶が大きな役割を果たすようになっていく。中世後期のナスル朝グラナダ王国では，ジェノヴァ人は一層重要な役割を果たす。彼らはサトウキビや乾燥果実，絹などをグラナダ王国で買い付け，代わりにイングランドやフランドルの毛織物や東方の香辛料をもたらした。また，ナスル朝のマグリブからの穀物輸入もジェノヴァ商人が担っていた。ジェノヴァはレヴァント貿易でも大きな役割を果たしている。

　こうして，14世紀にはイベリアだけではなくマグリブのイスラーム教圏の分裂や衰退が進み，地中海西部では，アフリカも含んでキリスト教圏の優位が確立していった。また，キリスト教圏の再編が進み，カスティーリャの中央集権化とアラゴン連合王国の分権化，北イタリア都市の成長と南部イタリアの衰退という，近世から現代にまで及ぶ状況が形成されていった。

5　近世に向けた枠組みとシステムの形成——15世紀の西地中海

ナスル朝とマグリブ

ナスル朝グラナダ王国は，国土は広くなかったが，アンダルス各地から逃亡

してきたムスリムが流入して多くの人口を持ち，険しいシエラ・ネバダ山脈に守られていた。国境を接するカスティーリャ王国も国内の反乱や再編に忙殺され，ナスル朝には形式的な従属や貢納以上のものを求めなかった。このため，250年以上も独立を維持することが可能となり，農業生産も豊かで，ジェノヴァ商人を通じてマグリブや西欧各地とも経済的関係を維持していて，経済的・文化的に繁栄した。

しかしこの状況は，15世紀に入ると変化する。13世紀半ばにイスラーム勢力に対する征服活動を終了した後，海外進出を図っていたポルトガルは，1415年にセウタ（ジブラルタル海峡のアフリカ側の都市）を征服してマグリブ沿岸に進出した。この後，エンリケ航海王子（1394年生-1460年没）らの指導下で西アフリカ沿いの航海がさらに進められる。カスティーリャも1462年にジブラルタルを占領し，ナスル朝はアフリカとのルートを断たれることとなった。また，伝統的にアンダルスに軍事力を提供してきたモロッコでは，マリーン朝が1465年に滅亡し，地方政権が割拠する状態となっていた。

さらに，グラナダ王国内部では王族間で王位が争われ，臣下の間でも党派抗争が展開された。これらの内紛には，しばしばカスティーリャ王権が介入した。また，火砲の使用など軍事技術の面でもキリスト教側が成長を見せていたうえ，15世紀にはグラナダ沿岸の治安悪化などによってジェノヴァ商人がナスル朝への関心を失っていき，経済にとっての打撃となっていた。

こうしてナスル朝が衰退するなかで，カスティーリャ王国とアラゴン連合王国が同君連合（スペイン王国）を形成すると，レコンキスタは最終段階を迎える。スペイン王国が1492年にグラナダを攻略し，ナスル朝は滅亡した。

グラナダやバレンシア，アラゴン地方にはその後も１世紀以上イスラーム系住民が居住していたが，政治的にはイベリア半島全体が，西ゴート王国の滅亡から約800年を経て，キリスト教徒のものとなったのである。

この間，マグリブは分裂したままであり，ヨーロッパの攻勢に対し，効果的な抵抗を行うことができなかった。アンダルスから逃れてきたムスリムなどは，マグリブの港を拠点として，キリスト教徒の船舶やスペイン沿岸に対し，私掠

行為を行った。キリスト教側でも，ジェノヴァやヴェネツィア，アラゴン連合王国が，しばしばマグリブの島や港を攻撃している。とはいえ，一方でキリスト教諸国とマグリブは，交易も継続していた。アラゴン連合王国はモロッコと友好的な関係を維持し，アルジェリアで強い影響力を行使していた。ジェノヴァやヴェネツィアもハフス朝などと商業関係を維持していた。

　マグリブにとってより脅威となったのはポルトガルである。ポルトガルもマグリブと交易を続けていたが，より直接的な領土獲得の対象ともみなしていた。1415年にセウタを攻略した後も，西アフリカの黄金や奴隷を直接獲得すべく，16世紀初頭にかけ，

図 4-8　ポルトガルと西アフリカ
出典：金七紀男『エンリケ航海王子』刀水書房，2004年，227頁より。

モロッコの沿岸部を徐々に征服していき，内陸部への襲撃もおこなっている（図4-8）。

　マグリブの弱体化の一因は，人口の少なさにある。この地域はもともと人口が少なかったうえ，14世紀にはペストの被害があった。また，遊牧や過度な集約的耕作のため土壌が悪化しており，人口減による労働力の不足もあって，生産性も低下していた。16世紀のマグリブの人口は300万人に過ぎず，それに対し，イベリア半島は900万人，イタリアは1,200万人，フランスは1,500万人であったと見積もられている。このように，中世末期に極めて衰微した状況とな

ったマグリブは，16世紀にはオスマン帝国の支配下に置かれることとなる。

トラスタマラ朝のカスティーリャ

　嫡出の兄弟ペドロ１世を殺害して即位した，アルフォンソ11世の庶子エンリケ２世（在位1369-1379年）が開いた王朝は，トラスタマラ朝と呼ばれる。新王朝にとっては，権力基盤の強化と正当性の主張が差し迫った課題であった。

　エンリケは即位後，自己を支持した貴族への論功行賞を行い，複数の下級貴族を有力貴族に昇格させた。「トラスタマラ革命」と呼ばれる王位継承戦争の過程で旧来の有力貴族家門の多くが没落していたこともあり，この時期に旧貴族から新貴族への交代が進んだ。新貴族は大所領を形成したが，王権は彼らに社会的・経済的特権を与えるにとどめ，上級裁判権の多くは王権に留保された。新貴族は国王役人として登用され，勤務貴族としての性格も有した。また，『ペドロ１世年代記』が編まれ，そのなかでペドロ１世は，従来の慣習や特権を無視し，ユダヤ人やムスリムなどの異教徒と結託した暴君であったとされており，同書はエンリケを暴君からの解放者とするためのプロパガンダとなった。

　エンリケも先王と同じく物価や賃金の統制に努めたが，頻繁に議会を開催し，臣民に耳を傾ける王というイメージ形成を図った。また，1371年には国王裁判所を改組して聴訴院（アウディエンシア）を開設し，王権の強化に努めた。

　エンリケの息子フアン１世（在位1379-1390年）も王権強化に努めた。彼は高位聖職者，貴族，法曹各４名，計12名から構成される国王顧問会議を創設し，王国全般に関わる主要問題を討議させ，自ら決断を下すこととした。また，王国全土の治安維持に配慮し，都市を中心とした治安維持機構の総都市同盟（エルマンダード・ヘネラル）を組織した。２名の財務長官のもとに王国全域を15の徴税管区に分けて徴税機構も整備され，この時代に王権は安定性を強めた。

　次のエンリケ３世（在位1390-1406年）も，主要都市に最上級都市役人として国王代官（コレヒドール）を派遣し，また地中海や大西洋への商人の進出を支援して，王権強化と経済の安定に努めた。

　この間，カスティーリャ経済も発展を見せた。カスティーリャはアラゴン連

合王国などに比べればペストの被害が軽く，王権も安定しており，15世紀半ばまでには人口や生産力の増加，都市の拡大が確認される。北部の都市ブルゴスに集められる羊毛，バスク地方の製鉄や造船，南部ではセビーリャに集められるアンダルシアの産物（ワインとオリーブ油）などが主要な輸出品となり，また大西洋ではイワシ漁やマグロ漁が発展して，15世紀末にはカスティーリャの人口はアラゴン連合王国の4倍以上，約450万人に達していた。

　このように王権が強化され，経済も繁栄した一方で，15世紀のカスティーリャでは暗君とされる国王が続いた。フアン2世（在位1406-1454年）は議会への統制を強化し，聴訴院を高等法院（チャンシリェリア）に改組するなどの政策もおこなったが，かなりの期間，王族や気に入った家臣に政治への介入を許していた。息子のエンリケ4世（在位1454-1474年）は柔弱な性格で，貴族の台頭を許し，また後継者となるべき娘フアナの，王妃が不義密通して産んだ子だとの風説を打ち消すことができなかった。カスティーリャにおける強力な支配者の復活は，フアン2世の娘でエンリケ4世の異母妹である女王イサベル（在位1474-1504年）の即位を待たねばならなかった。

　なお，エンリケ2世による反ユダヤ・プロパガンダやペストによる社会不安の結果，1391年に全国的な反ユダヤ暴動が生じた。その後，15世紀を通じてユダヤ人や改宗ユダヤ人（コンベルソ）の扱いは大きな社会問題となった。

　このように，中世後期のカスティーリャでは国家の集権化と，異教徒への差別の強化が進んでいった。

中世後期のアラゴン連合王国

　カスティーリャと対照的に，アラゴン連合王国は，14世紀半ばから停滞と混乱の様相を呈し始める。1333年には，ジェノヴァとの戦争によってシチリア島やサルデーニャ島からの穀物供給が途絶え，食料危機が発生した。また，地中海交易が盛んだったこの国では，1348年の流行を筆頭にペストの被害が大きく，人口の3分の1以上が失われた。これらの問題は，カスティーリャと同じく，1391年の反ユダヤ暴動などの混乱につながった。

国王ペラ3世（在位1336-1387年）の王権強化策も，この状況に拍車をかけた。彼は，アラゴン王国で貴族たちの「同盟」が起こした反乱や，バレンシア王国の諸都市が起こした反乱を鎮圧し，特権を剥奪した（1348年）。その一方で，サルデーニャ島で起きた反乱に対処するなかで，1351年以降，彼はジェノヴァと国際的な紛争に陥った。また，ジェノヴァとの商業紛争や領土問題が絡んで，カスティーリャのペドロ1世とも10年以上に及ぶ戦争が行われた（1356-1369年）。これら一連の戦争で財政は悪化した。ペラは議会を通じた課税への依存を強めざるをえなくなり，国王権力は議会やそれを構成する諸身分からより制約を受けることとなった。また，財政や対外関係の悪化が，人口の減少や生産の低下と重なったことで，社会や経済も大きなダメージを受けた。

　バルセロナ伯家の男系子孫は1410年に断絶し，その後，ペラ3世の娘とカスティーリャ王フアン1世との子である，トラスタマラ朝のファラン1世が国王となる（1412年）。ファラン1世の息子アルフォンス4世（在位1416-1458年）は，閉塞した状況を打開しようと地中海各地への遠征を行い，1421年に子供のいないナポリ女王ジョヴァンナ2世から後継者に指名されると，長期間にわたる継承戦争の末，ナポリ王国を征服し，王となることに成功した（1442年）。

　しかし，ナポリの征服戦争はアラゴン連合王国の財源でまかなわれたうえ，征服後，アルフォンスはナポリにとどまり，アラゴン連合王国の統治は各地の副王や総督，また摂政となった王妃や王弟に委ねた。ナポリ王国はイタリア・ルネサンスの成果をイベリア半島に伝える役割は果たしたが，連合王国の政治的・経済的な諸問題は一向に解決せず，むしろ悪化することとなった。

　アルフォンスが死ぬと，ナポリ王国は彼の庶子が継承し，アラゴン連合王国は，弟のジュアン（2世）が継承した（在位1458-1479年）。その後，1462年には，バルセロナなどの都市寡頭支配層を中心とした勢力と，中小市民層や農民と結んだ王党派の間で内戦が生じた。内戦はフランス王の介入などもあって10年に及び，最終的に王党派が勝利したものの，カタルーニャ地方は荒廃した。

　ジュアン2世の子，ファラン2世（スペイン語ではフェルナンド2世。在位1479-1516年）は，1469年にカスティーリャ王女イサベルと結婚し，スペイン王

国を誕生させる。その王国では，荒廃したアラゴン連合王国ではなく，成長期にあったカスティーリャが中心的役割を担うこととなった。

15世紀のイタリア

　フランス王国が百年戦争（1339-1453年）で苦しむなか，富や軍事力を貯えたアヴィニョンの教皇庁は1377年，正式にローマに帰還する。とはいえ，帰還はスムーズにはいかず，その後，アヴィニョンとローマに2つの教皇庁が並立する事態が生じた（1378-1417年）。この教会大分裂はコンスタンツの公会議（1414-1418年）で終息したが，アヴィニョン捕囚と教会大分裂の混乱を受け，教皇庁の権威低下は避けられなかった。

　この間，ペストから立ち直ったイタリア諸都市では，ルネサンスが一層の繁栄を見せた。1445年頃にグーテンベルクが活版印刷を発明し，またオスマン帝国の攻撃によるビザンツ帝国の滅亡（1453年）を受け，多数の学者がイタリアに亡命してきたことで，知識人の間に，ギリシア・ローマの古典や聖書を直接原典で読み，学ぼうとする人文主義が広がった。カトリック教会に依存するだけではなく，自ら聖書を読もうとするこの動きは，16世紀のプロテスタントとも通じるものであり，この点からも教皇庁の権威は低下していった。

　教皇庁の権威が低下する一方で，マグリブやレヴァントとの交易は継続しており，またキリスト教圏がはっきりと政治的・軍事的優位に立っていたため，この時期のイタリア都市では，ムスリムへの宗教的な敵意や警戒心はそれほど目立っていない。この時期は，都市間の抗争や併合を通じてヴィスコンティ家やスフォルツァ家のもとでミラノ公国が成長し，フィレンツェがシエナやピサを勢力下に置くなど，領邦的な国家が形成されつつあり，イスラームよりも，イタリア内部の抗争に関心が向かっていたと考えられる。

参考文献
阿部俊大『レコンキスタと国家形成——アラゴン連合王国における王権と教会』九州大学出版会，2016年。

金七紀男『ポルトガル史』彩流社，1996年。

————『エンリケ航海王子』刀水書房，2004年。

齊藤寛海他編『イタリア都市社会史入門——12世紀から16世紀まで』昭和堂，2008年。

サザーン，R. W.，鈴木利章訳『ヨーロッパとイスラム世界』岩波書店，1980年。

佐藤次高編『イスラームの創始と展開（イスラームの歴史1）』山川出版社，2010年。

関哲行・立石博高・中塚次郎編『スペイン史1　古代〜近世（世界歴史大系）』山川出版社，2008年。

高山博『神秘の中世王国——ヨーロッパ，ビザンツ，イスラム文化の十字路』東京大学出版会，1994年。

永井三明『ヴェネツィアの歴史——共和国の残照』刀水書房，2004年。

ニアヌ，D. T. 編，宮本正興他訳『12世紀から16世紀までのアフリカ（ユネスコ・アフリカの歴史4上）』隆文社，1992年。

家島彦一『イスラム世界の成立と国際商業——国際商業ネットワークの変動を中心に』岩波書店，1991年。

ランシマン，S.，藤澤房俊他訳『シチリアの晩禱——13世紀後半の地中海世界の歴史』太陽出版，2002年。

ローマックス，D.W.，林邦夫訳『レコンキスタ——中世スペインの国土回復運動』刀水書房，1996年。

ロペス，R. S.，宮松浩憲訳『中世の商業革命——ヨーロッパ950-1350』法政大学出版局，2007年。

Abulafia, D., *The western Mediterranean kingdoms, 1200-1500: the struggle for dominion*, London & New York: Longman, 1997.

Bennison, A. K., *The Almoravid and Almohad empires*, Edinburgh: Edinburgh University Press, 2016.

Constable, O. R., *Trade and traders in Muslim Spain: the commercial realignment of the Iberian peninsula, 900-1500*, Cambridge: Cambridge University Press, 1994.

Fierro, M. (ed.), *The Routledge handbook of Muslim Iberia*, London & New York: Routledge, 2020.

Linehan, P., *Spain, 1157-1300: a partible inheritance*, Malden & Oxford Blackwell, 2008.

Reilly, B. F., *The contest of Christian and Muslim Spain: 1031-1157*, Malden & Oxford: Blackwell, 1992.

Ruiz, T. F., *Spain's centuries of crisis: 1300-1474*, Malden & Oxford: Blackwell, 2007.

Sabaté, F. (ed.), *The Crown of Aragon: a singular Mediterranean empire*, Leiden: Brill, 2017.

── コラム④　キリスト教圏とイスラーム圏の交流 ──

　中世のキリスト教圏とイスラーム圏は，ひたすら争っていたわけではない。キリスト教勢力がイスラーム勢力を軍事面で追い上げ，逆転していった間も，イスラーム圏との交易や文化交流は途切れることなく続き，西欧の経済的発展，また文化的発展を支えていたことは忘れてはなるまい。

　例えば，西ローマ帝国の滅亡後，経済的に停滞していた西欧は，奴隷や木材などの輸出といったイスラーム圏との取引を通じて経済面での成長を開始した。その際，中世初期の西欧には質の安定した貴金属貨幣が乏しかったため，長い間イスラーム貨幣がビザンツ貨幣などと並んで用いられていた。

　また，西欧では，アリストテレスやエウクレイデスの著作など，古代のギリシア・ローマの哲学や科学を記した著作の多くが，西ローマ帝国滅亡時の混乱のなかで失われていた。しかしそれらの著作は，東ローマ帝国（ビザンツ帝国）で生き残っており，イスラーム世界に伝えられ，そこでアラビア語に翻訳され，研究されていた。カスティーリャ王国のトレードやシチリア王国のパレルモでは，12世紀頃からそれらのギリシア・ローマやイスラーム世界の著作がアラビア語からラテン語に翻訳され，西欧に伝えられた。翻訳の際には，イスラーム勢力の支配下に置かれ，アラビア語やイスラーム文化に詳しくなっていたキリスト教徒の住民（モサラベ）やユダヤ人が活躍した。こうしてもたらされた古典古代やイスラーム世界の知的成果によって，西欧の学問は刺激を受け，「12世紀ルネサンス」と呼ばれる飛躍的な発展を示すこととなった。例えば，アリストテレスの著作はパリ大学などで研究され，スコラ学の発展や，また近代的な科学思想や政治思想の形成のうえで大きな影響を与えている。

　サトウキビや米，柑橘類などの作物や灌漑技術もイスラーム圏からイベリア半島に伝えられた。また，リュートなどの楽器や，チェスなどの遊戯，コース料理のような食事の作法など，さまざまな生活文化も伝えられた。製紙法などの技術もイベリア半島に伝えられ，西欧に普及していった。

　また，キリスト教圏とイスラーム圏の間の地中海交易も，中世後期にはより一層発展し，地中海各地で都市の繁栄をもたらした。一説には，為替や簿記などの商業技術はイスラーム圏にルーツがあるとされており，その他，東方の文物がイスラーム圏経由でヨーロッパに伝えられた。

　キリスト教圏とイスラーム圏を往来したのは，上記のような知識人や商人，また外交使節や旅人だけではない。キリスト教徒の傭兵が，イスラーム側の君主によって雇われることもあれば，イスラーム教徒の兵士がカスティーリャなどで使役されることもあった。また，戦争で捕虜になったイスラーム教徒や，イスラーム世界経由で輸入された異教徒が，イベリア半島やイタリアで奴隷と

して使役されることもあった。彼らはしばしば，キリスト教徒に改宗し，解放されて自由となった際には，一般市民としてキリスト教社会の一部を形成した。

　キリスト教側がイスラーム側に対し優位に立ち始めた12-13世紀頃からは，ムスリム住民がキリスト教国家の支配下に入ることもあった。これらの国家はムスリム住民（ムデハル）が反乱や逃亡を図らなければ特に排斥せず，支配下に受け入れていった。彼らは王権や貴族にとって，多くの税を負担する財源であり，イスラーム時代の農業や工業の技術を維持する貴重な生産者であった。

　このように，中世を通じ，キリスト教圏とイスラーム圏の間では，さまざまな領域で恒常的な接触が行われていた。イスラーム圏は，ヨーロッパにとって単なる敵対者ではなく，国制の整備や経済発展，また文明の形成と発展に多大な影響を与えた，偉大な隣人であり，教師でもあったということができる。

　中世末期から近世にかけ，スペインではムデハルやユダヤ人，また改宗イスラーム教徒（モリスコ）や改宗ユダヤ人（コンベルソ）に対する認識が悪化し，異文化に対して閉鎖的な態度がとられるようになる。しかしそれは，中世におけるイスラーム圏との争いが原因というより，中世末期のペスト流行とそれによる社会不安やオスマン帝国の脅威の増大，また，カトリック両王（イサベルとファラン2世）がバラバラな国土をまとめるためにカトリック信仰を軸とした国づくりを進めたことや対抗宗教改革など，近世の諸事象が主な原因であったと考えられよう。

第5章

オスマン帝国と地中海世界

イスタンブルの金角湾口に停泊する市内のアジア側とヨーロッパ側を結ぶ定期船

船着場の左側には1643年に建設され，オスマン帝国の君主による観艦式のために用いられた「籠屋の楼閣」（Sepetçiler Kasrı）が見える。後方の丘の上に並んでいるのは，19世紀中頃まで長らくオスマン宮廷の主な所在地となったトプカプ宮殿の建物群。

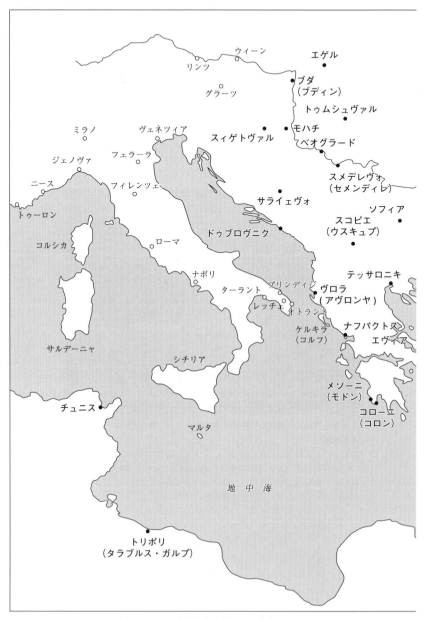

図 5-1　地中海世界とオスマン帝国

出典：筆者作成。

アゾフ（アゾク）

ヤーシ

アクケルマーン

タルゴヴィシテ

カッファ（ケフェ）

シリストラ

コンスタンツァ
（キョステンジェ）

黒　海

バトゥム

ニコポル
（ニーボル）

ヴァルナ

スィノプ

トラブゾン

プロヴディフ　エディルネ

アマスラ

ネスタンブル

ゲリボル

アマスヤ

エルズルム

ムダンヤ

ザモトラキ

アンカラ

タソス

ギョクチェアダ

ソウト

スィヴァス

リムノス

ブルサ

カイセリ

レスボス

ディヤルバクル

キオス
（サクズ）

イズミル

コンヤ

アダナ

アンタルヤ

アレッポ（ハレプ）

ボドルム

ロドス

キプロス

ダマスクス（シャム）

クレタ

ラムラ

ダミエッタ（ディムヤート）

イェルサレム
（クドゥス）

アレクサンドリア
（イスケンデリーイェ）

カイロ
（ムスル）

スエズ（シュヴェイシ）

第5章関連年表

年	出　来　事
1300頃	アナトリア西北部にオスマン君侯国が成立（～1922年）
1302	バフェウス（コユンヒサール）の戦いでビザンツ帝国を破る
1323頃	オルハン即位，1326年頃にはブルサを征服
1352頃	ヨーロッパ大陸への足がかりとしてゲリボル（ガリポリ）を確保
1362頃	ムラト1世即位，同じ頃エディルネ（アドリアノープル）を征服
1389	コソヴォの戦い勝利後のムラト1世暗殺，バヤズィト1世即位
1402	アンカラの戦いでティムールに敗北し，滅亡の危機に瀕する
1413	11年間に及ぶ内戦を制し，メフメト1世がオスマン帝国を再統一
1415	エンリケ航海王子によるセウタ占領と「大航海時代」の開始
1453	メフメト2世によるコンスタンティノープルの征服
1470	ヴェネツィアからエヴィア（ネグロポンテ）島を奪取
1481	ロドス島とオトラントに対する同時攻撃，オトラントを一時占領　最後の親征へ出発直後にメフメト2世急死，バヤズィト2世即位
1492	レコンキスタの完了，コロンブスによるアメリカ大陸への航海
1498	ヴァスコ・ダ・ガマのカリカット到達による新航路の「発見」
1499	対ヴェネツィア戦役とゾンキオの海戦における勝利
1512	セリム1世即位，シリア（1516）とエジプト（1517）の征服
1520	スレイマン1世の即位，ロドス島の征服（1522）
1526	モハーチの戦いの勝利と第1次ウィーン包囲（1529）
1538	プレヴェザの海戦に勝利，グジャラートへのオスマン艦隊派遣
1543	オスマン帝国とフランスの共同作戦によるニース占領
1569	ドン・ヴォルガ運河の計画と放棄，アチェへのオスマン艦隊派遣
1571	キプロス島の征服とレパントの海戦での敗北

　本章を読みはじめる前に，地中海あるいは地中海世界という言葉から，日本人がまず思い浮かべるものとは何だろうかと考えてみてほしい。おそらくイタリアや南仏，あるいはスペインの雲 1 つない空に輝く太陽と，それがよく映える，透き通るような青い海といったところではないだろうか。地中海という言葉を，オスマン帝国と直接に結びつけるような人は，ほとんどいないかもしれない。

　オスマン帝国は，ビザンツ帝国とルーム・セルジューク朝とが激しく争っていたアナトリア（小アジア）の北西部において，1300 年頃に成立したとされている国である。その当初は，いまだ帝国と呼べるような強力な国家組織を持たず，周辺のいくつかの国々と同じく，せいぜい君侯国と呼べる程度の小さな部族集団に過ぎなかった。また，その小さな部族集団は，ムスリムのトルコ系遊牧民を中心として構成されていたと考えられている。そのためだろうか，歴史的に長くオスマン帝国と向かい合ってきたヨーロッパのみならず，わが国においてもまた，オスマン帝国には「陸の帝国」としての強烈なイメージが常に付きまとっているように思われてならない（林 2008：136）。

　しかしオスマン帝国は，その後の歴史において，強力な常備軍と優れた官僚組織とによって支配領域を大きく広げ，アジアからヨーロッパ，そしてアフリカへとまたがる巨大帝国に姿を変えていく。そして，その拡大に際しては，上記の「陸の帝国」としてのイメージとは裏腹に，地中海をはじめとする数々の海の世界とも深いかかわりを有していくことはいうまでもない（新谷 1990：107）。この意味において，オスマン帝国は「陸の帝国」であると同時に，強大な「海の帝国」でもあったのである（Brummett 1994；Casale 2010）。

　例えば，オスマン帝国は，初期の段階からビザンツ帝国の内紛に乗じてヨーロッパ大陸へと渡り，アジアの西端に位置するアナトリアよりもむしろ，彼らがルメリと呼んだヨーロッパにおいて勢力を広げていった。しかし当然ながら，そのためには，まずもってダーダネルス海峡というアジアとヨーロッパとを隔てる「海」を西へと渡らなければならなかった。この思い切った渡海なくしては，その後のオスマン帝国の発展もまた，ありえなかったのである。

この章においては，こうしたオスマン帝国と海との深い関係について，地中海を中心に考えていく。フランスのアナール派を代表する歴史家フェルナン・ブローデル（1902年生-1985年没）が大著『地中海』において詳述したように，地中海をとりまくさまざまな地域は，海を核として1つの「地域世界」を形成していた（ブローデル 1991-95）。すなわち，本書の全体を通して貫かれているテーマでもある「地中海世界」である（終章参照）。オスマン帝国は，とりわけ16世紀以降，この地中海世界の3分の2以上を支配していくことになる。ただしブローデル自身は，地中海世界に占めるオスマン帝国の重要性を自覚しながらも『地中海』を執筆した50年以上前に存在していた多くの制約によって，その意義を十分には検討できなかった。ここでは，そのオスマン帝国と地中海世界との関係性について地中海世界内部のエーゲ海やマルマラ海，アドリア海といった諸海域に加えて，北の彼方に広がる黒海や，はるかインド洋へとつながる紅海をも視野に入れつつ論じていきたい。

　本論に入る前に，本書のタイトルにもある「中世」という時代区分と，本章の内容との間の若干のずれについて補足しておく。オスマン帝国史においては，1453年のコンスタンティノープル征服をもって中世が終わり，近世が始まるとする見解が一般的である。しかし以下であきらかになるように，オスマン帝国が海との本格的な関係を有するのは1453年以降のことになる。そのため本章ではやや長く，16世紀中頃までの時期を考察の対象とすることとした。

　また，参考文献一覧や注には，読者の多くが初学者であることを想定して，可能な限り日本語か，外国語であっても和訳が存在するものを優先して用いた。そのため，トルコ語による最新の研究成果を反映させることについては限定的にならざるを得なかった。より詳しく研究したい方々は，ここで参照した先行研究が用いている英語やトルコ語の参考文献を積極的に活用していただきたい。

1　海との出会い

「陸上勢力」としてのオスマン君侯国

　オスマン帝国の初代君主であるオスマン（在位1300頃-1323年）は，西北アナトリアの内陸に位置するソウトという小さな村を拠点とし，普段は遊牧をしながらも時に周辺地域に略奪を行うようなガーズィー（信仰戦士）集団の長であった。そのガーズィー集団が，1302年にバフェウス（トルコ名コユンヒサール）でビザンツ帝国軍を破った事件が，オスマン君侯国についての最古の記録であるという（小笠原 2018：28）。バフェウスの場所については諸説あるものの，マルマラ海に比較的近い場所であったことは間違いない（林 2008：40）。

　そのため，オスマンはトルコ系遊牧民としての生活を送っていたと考えられてはいるものの，その生涯に海を実際に目にしていた可能性は否定できない。例えばオスマンは，オスマン君侯国が最初に手にすることになる都市ブルサを包囲中の1321年に，ビザンツ帝国の補給線を断つため息子のオルハン（在位1323頃-1362年）に命じてマルマラ海に面する港町ムダンヤを攻略させている。しかし，かつて主張されていたように，その勢力範囲をマルマラ海にまで伸張させ，そこに浮かぶイムラル島をも征服したというような言説（三橋 1964：98）については，現在は否定されている。いずれにしても，初代君主であったオスマンの治世を通じて，オスマン君侯国は，大規模な艦隊はおろか，水軍といえるような素朴な海上戦力すら保持していなかったと考えるのが自然だろう。

　1323年頃にオスマンが死去すると，その後を息子のオルハンが継いだ。このオルハンの時代にオスマン君侯国は領土をさらに広げ，1345年頃にはマルマラ海とエーゲ海とに面した西隣のカレスィ君侯国を，その内紛に乗じて併合した。オスマン君侯国と同じトルコ系のカレスィ君侯国であったが，長い海岸線を有するという地理的環境から，この頃すでに自前の船団を持っていたとされる。この併合によって，オスマン君侯国はある程度の規模の水軍とともに，初めてその拠点となる港をもあわせ持つようになったと考えられている（林 2008：

54f.)。この出来事こそが，オスマン帝国と海との本格的な出会いであった。

アジアからヨーロッパへの渡海

　同じ頃，アナトリアに向かい合うヨーロッパ側でも，オスマン君侯国を海へと誘う政治的な動きが生じていた。すなわち，古代ローマ帝国の後継国家であるビザンツ帝国において，帝位を狙っていた宰相ヨハネス・カンタクゼノスが，アナトリア北西部において着々と勢力を拡大していたオルハンに対して軍事的支援を求めてきたのである。カンタクゼノスは，オスマン軍をヨーロッパへと招き入れ，その後援を受けてヨハネス6世（在位1347-1354年）として即位することになる（永田 1998：50f.）。その際の渡海には前述した自前の船団が用いられた他，多くの筏（いかだ）を組み上げてビザンツ領であったヨーロッパ大陸に大軍が送り込まれた。また，この海上移送に際しては，有力なイタリア海洋都市国家の1つであったジェノヴァが協力したともいわれる（新井 2002：67，109）。

　そして一連の軍事行動の結果，オスマン君侯国は1352年頃にヨーロッパ大陸への足がかりとして，ダーダネルス海峡に面した港湾都市ゲリボル（ガリポリ）を確保することに成功する。このゲリボルは，この後もオスマン帝国が滅亡する直接のきっかけとなる第1次世界大戦に至るまで，海上交通の要としてはもとより，オスマン艦隊の重要拠点としても発展していく（澤井 2018：90f.）。

　ちなみに，この時に形成されたオスマン帝国のヨーロッパ領を指す「ルメリ」とは，ビザンツ帝国すなわちローマ帝国の領域を意味する「ルームの地」という意味を持つ。同じく，オスマン帝国のアジア領であり現在はアナトリアを意味している「アナドル」というトルコ語もまた，ビザンツ帝国の軍事・行政組織であったテマのうち小アジア地域に存在していた「アナトリコン」に由来するとされる。これらの事実からも，オスマン帝国が君侯国から帝国へと脱皮していく過程において，ビザンツ帝国から受けた影響は少なくなかった。上記のオルハンとヨハネス・カンタクゼノスとの同盟関係からもあきらかなように，オスマン帝国はビザンツ帝国との間に政治的あるいは軍事的にはもちろんのこと，経済的，文化的にも非常に深いつながりを有していたのである。

　1362年頃にオルハンが没すると，息子のムラト1世（在位1362頃-1389年）が即位した。ムラト1世は，ルメリのエディルネ（アドリアノープル）を征服して新たな都とし，そこを拠点にフィリベ（プロヴディフ）やテッサロニキ（セラーニキ）といったバルカン半島の主要都市を次々とその領域に組み込んでいった。この勢力拡大を通じて，ムラト1世やその後継者となったバヤズィト1世（在位1389-1403年）は，ルメリ（ヨーロッパ）の都エディルネと，依然としてアナドル（アナトリア）の重要拠点であった旧都ブルサとを絶えず行き来し，東西の敵と向き合っていた（小笠原 2018：43f.）。その際には，多数の軍団ともにアジアとヨーロッパを隔てるマルマラ海を必ず渡らなければならず，この意味において，オスマン帝国と海とは，この頃すでに切っても切れない関係になっていたといえる。しかし他方において，この時期までのオスマン帝国の拡大は，基本的には陸続きに東西へと進められており，海に導かれるかたちでの南方のエーゲ海や北方の黒海への進出は，しばらく後の時代のこととなる。

コンスタンティノープルへの野望と挫折

　というのも，オスマン帝国がエーゲ海を南下し，あるいは黒海へと北上して領域を拡大していくためには，いずれにも小さくない障害が存在していたからである。まず，エーゲ海海域においてオスマン帝国軍が自由に行動するためには，そこを長らく勢力圏としてきたヴェネツィア共和国やジェノヴァ共和国といった海戦に長けたイタリアの海洋都市国家に対抗できるだけの強力な艦隊を整備しておく必要があった。一方，北の黒海海域へと抜け出るためには，そこに至る唯一の航路であるボスポラス海峡を通過しなければならず，その東岸はオルハンの時代からすでにオスマン帝国領となっていたものの，西岸には依然としてビザンツ帝国の都コンスタンティノープルの7つの丘がそびえ立っていた。この地政学的に非常に重要な位置を占めていた「千年の都」を攻略することなく，黒海からマルマラ海さらにはエーゲ海を含んだ地中海とつながる南北の海上ルートの安全を確保することは事実上，不可能に等しかったのである。

　そのため，即位後のバヤズィト1世は断続的に，しかし時として長期間にわ

たってコンスタンティノープルを攻囲した（鈴木 1992：53f.）。ところが，陸上では古代ローマ帝国時代からの遺産ともいうべき強固な三重の大城壁に阻まれ，また海上では質量ともに不十分なオスマン艦隊の苦戦もあいまって，その電光石火の攻撃によって名づけられた「雷帝」（ユルドゥルム）という異名に反して，バヤズィト1世はコンスタンティノープルの攻略におおいに手間取ることとなる。この包囲戦の長期化を通じてオスマン艦隊のさらなる強化の必要性を痛感したバヤズィト1世は，ヴェネツィア艦隊の脅威からダーダネルス海峡を防衛するという目的もあって，オスマン艦隊の根拠地であったゲリボルに海事施設を新設したとされる。ここには，その中心となる造船所の他にも，艦船用の倉庫，給水施設，乾パン製造所，さらには火薬製造所なども併設され，まさに複合的かつ本格的な海軍拠点といってよい性質を持つものであった。

　しかしその直後の1402年，はるか東の中央アジアから襲来した同じトルコ系ムスリムであるティムール（在位1370-1405年）の大軍を迎え撃つために進軍したアンカラにおいて，それまで破竹の勢いであった雷帝バヤズィト1世は，あえなく敗れて囚われの身となった。そして，この後，オスマン帝国は残された4人の皇子たちによる長い分裂と内紛の時代へと向かうことになる（小笠原 2018：58-64）。オスマン帝国が再びかつての勢いを取り戻すのは，少なくとも海との関係に限ってみるならば，バヤズィト1世のひ孫にあたるメフメト2世（在位1444-1446，1451-1481年）の時代を待たなければならないのである。

　後年の17世紀中頃，クレタ島をめぐって泥沼化したヴェネツィア共和国との戦いのさなか，1656年にはオスマン艦隊がヴェネツィア艦隊との海戦に大敗するという一大事が発生する。その結果，ダーダネルス海峡は敵に封鎖され，物資流通が滞って帝都イスタンブルが大混乱に陥ると（澤井 2018），強い危機感を覚えた当時の代表的知識人キャーティプ・チェレビは，執筆した海事史の書『海上遠征における偉人たちの贈物』において，以下のように述べている。

　（前略）この永遠なる国家（オスマン帝国）の初期においては，死去された征服者メフメト2世の御代に至るまで，戦闘や殺戮の事象の大半は，陸上に

図 5-2　キャーティプ・チェレビの地中海図
出典：Katip Çelebi（2008a）*Tuhfetü'l-Kibar fi Esfari'l-Bihar.*

ある異教徒の城砦を破壊し，焼き払い，あるいは獲得することに関係しており，海上遠征や（それにともなう）ヨーロッパ人（具体的にはヴェネツィアやジェノヴァ）との戦いは，いまだ始められていなかった。ただし（メフメト 2 世の父の）ムラト 2 世（在位1421-1444，1446-1451年）の治世に沿岸部や近くの島々への襲撃が行われたと言い伝える者もいる。しかし（それらの証言は）信頼するに値しない（Katip Çelebi 2008a: 69）。

2　マルマラ海からエーゲ海，黒海，そしてアドリア海へ

コンスタンティノープルの征服

父ムラト 2 世の死去によって 2 度目の即位を果たした若きメフメト 2 世はまもなく，最初の即位後に父親を復位させた中心人物でもあった老練な大宰相チャンダルル・ハリル・パシャをはじめとする守旧派の反対を押し切って，コンスタンティノープルに対する包囲を開始した。1453年 4 月 5 日，コンスタンティノープルを取り囲んだ10万とも12万人ともいわれるオスマン帝国の大軍の前に現れたのは，キリスト教諸国からの義勇兵をあわせても 1 万人に満たない守備兵が守る，衰退した古都の姿であった（鈴木 1992：65-70）。その前身である

古代ローマ帝国から数えると，実に千数百年の長きに及んだビザンツ帝国の歴史は，その都の命運とともに，今まさに尽き果てようとしていたのである。

　それでも三方を海に隔てられ，唯一陸側に開かれた西側を長大な大城壁によって守られたコンスタンティノープルの防御は固かった。ビザンツ軍は，弱点とされていた北側の城壁に対する海からの攻撃を防ぐために金角湾の入口を巨大な鉄の鎖によって閉ざし，大城壁を頼りにオスマン帝国軍による度重なる攻勢に対してよく持ちこたえた。さらに4月20日には，援助物資を積んでマルマラ海を北上してきた数隻の船団が，多数の艦艇からなるオスマン艦隊の包囲網を突破して，コンスタンティノープルに到着した。この事実は，数のうえで勝るオスマン帝国ではあっても，海上での戦いにおいて勝利することが，いまだに容易ではなかったことを如実に物語るものであった（クロー　1998：52-55）。

　ただし，これとは対照的にオスマン帝国軍は，陸上においては圧倒的な戦力差を背景として自由に振舞うことが可能であった。そこで，この時点でのオスマン艦隊の持つ限界を知り，金角湾を閉ざしていた鎖を突破しての湾内への直接侵入を諦めたメフメト2世は，ある奇策に撃って出た。ボスポラス海峡に停泊していた艦隊の一部を陸上に引き揚げ，丘を越えた先の金角湾内へと降ろし入れたのである。こうして，オスマン帝国の海上における劣勢は，艦隊の陸上移動という奇抜な戦術によって跳ねのけられた（クロー　1998：55f.）。このような，海軍力の不足を陸上からの支援によって補うというオスマン帝国の戦略は，包囲戦が開始される前の段階からすでに実施に移されていたことがよく知られている。例えばメフメト2世は，海から襲来すると推定されたキリスト教諸国からの援軍を阻止するために，現在はルメリ・ヒサールとして知られている堅固な城砦をボスポラス海峡西岸に新たに建設させている（小笠原　2018：84）。

　コンスタンティノープルをめぐる激しい攻防戦は，あわせて54日間の長きに及んだとされる。しかし5月29日，夜明け前から開始された激しい総攻撃によって，ついに城壁を突破したオスマン帝国軍は，一斉に市内へとなだれ込んだ。ここに，コンスタンティヌス1世（在位324-337年）以来の「ローマ帝国の都」は，ついに陥落することとなったのである。これは時を遡ること約780年前，

674年にコンスタンティノープルを初めて攻囲したというウマイヤ朝以来，ムスリムを君主と仰ぐ国家が，初めてこの都市を手に入れた瞬間でもあった。

　コンスタンティノープルを手中に収め，エーゲ海や黒海への進出を前に足元を固めたメフメト2世は，この後の治世を通じて，おおむね海上ルートに沿ってオスマン帝国の領土をさらに拡張していくことになる。そして，それに不可欠な艦隊の強化のために，新都とされたイスタンブルにおいては，ビザンツ帝国末期に用いられていたマルマラ海側の造船所に加えるかたちで，金角湾内にあったローマ帝国時代の古い造船所跡にも新たな海事施設を建設させている。

エーゲ海の制圧と黒海への進出

　こうしてイタリア海洋都市国家に対抗することが可能なだけの海軍力を有することになったメフメト2世が最初の標的としたのは，エーゲ海に浮かぶ島々とその西岸に広がるペロポネソス半島であった。まずは，ビザンツ帝国の残存勢力やヴェネツィア，ジェノヴァが支配していたエーゲ海北部のタソス島，サモトラキ島，ギョクチェアダ（イムブロス）島，リムノス島，ボズジャアダ（テネドス）島が，1450年代のうちに次々と征服されていった（クロー　1998：157）。また1460年代に入ると，ヴェネツィア共和国が支配していたいくつかの港湾都市周辺を除いたペロポネソス半島の大半がオスマン帝国に併呑された。さらには，ジェノヴァ人が支配していたレスボス島もこの頃に征服されている。

　そして1470年にはメフメト2世の親征によって，東地中海に貿易網を張り巡らしてきたヴェネツィア共和国にとって，ケルキラ（コルフ）島やクレタ島に匹敵する重要性を有し，長らくネグロポンテと呼ばれてきたエヴィア島が陥落した。その対岸に位置するテッサリア地方とともに豊かな穀倉地を形成し，ヴェネツィア本国にも多くの小麦を供給してきたエヴィア島の失陥は，ヨーロッパのキリスト教徒たちを震え上がらせたという。この知らせを受けたヴェネツィア出身の教皇パウルス2世（在位1464-1471年）は，恐怖のあまりにローマを逃げ出し，かつて一時期，ローマ教皇庁が存在していた南仏のアヴィニョンに避難することさえ真剣に検討したとされる（クロー　1998：230-235）。

しかし，こうしたローマ教皇の動揺を尻目に，この後オスマン帝国の矛先は，しばし北方の黒海へと向けられることになる。黒海海域においては13世紀以来，歴史的にジェノヴァ商人が活発な貿易活動を展開し，独自の商業圏を形成してきた。その南岸にあたるアナトリアの黒海沿岸部においてはアマスラがジェノヴァ人の拠点とされており，さらに黒海北岸のクリミア半島に位置したカッファは，同海域におけるもっとも重要な港湾都市として機能していた。メフメト2世は，まず1459年から1460年にかけてアマスラを占領するとともに，翌年にはその東に位置する良港トラブゾンを首府としていたトレビゾンド帝国を征服して，黒海南岸を支配下に置くことに成功した（三橋 1964：162-164）。

　そしてエーゲ海方面の征服活動を一段落させた1475年，メフメト2世はクリミア半島におけるクリム・ハン国の内紛に干渉していたジェノヴァ人勢力の一掃を目的として，大宰相ゲディク・アフメト・パシャをオスマン艦隊とともにクリミアへと派遣した。こうして，遊牧民の英傑チンギス・カンの血統を受け継ぐクリム・ハン国を保護するとともに，カッファを中心としたクリミア半島の一部を直轄領に組み込んだオスマン帝国は，15世紀末までに黒海を事実上の「オスマン帝国の湖」とするのである（永田 1998：69f.）。

イタリア遠征とオトラント占領

　しかし，それから間もなく，メフメト2世はその食指を黒海から再び地中海へと動かすことになる。この時に目標とされたのは，イタリア半島のかかとに位置するプーリア地方の都市オトラントであった。ただしその背景には，イタリアにおけるキリスト教諸国の勢力争いの激化が存在していたことは疑いない。

　この頃，イタリア半島の諸国家間では，メディチ家が支配したフィレンツェを手に入れたいローマ教皇とアラゴン家のナポリ王国とが同盟し，フィレンツェ共和国に侵入したナポリ王国軍は激しい戦いを展開していた。一方，この動きに対抗するべく，ヴェネツィア共和国はフィレンツェ共和国，ミラノ公国およびフェラーラ公国と連携しただけでなく，1479年にはオスマン帝国とも和平条約を締結し，イタリアでの戦いに注力できる体制を整えた。メフメト2世の

晩年から次のバヤズィト 2 世にかけての対ヨーロッパ遠征には，こうしたイタ
リアの争いに連動するものが少なくない。この意味において，15世紀後半以降
のオスマン帝国が，他のキリスト教諸国と並んで地中海世界全体の動向を左右
する非常に重要な存在となっていた事実は，もっと強調されるべきだろう。

　一説によると，オスマン帝国によるオトラント遠征の実施には，上記のよう
な対立関係をふまえてナポリ王国を牽制しようとしたヴェネツィア共和国の要
請があったともいわれている。かりに，これが事実であるとするならば，この
時のヴェネツィア共和国の対応には，オスマン帝国をアナトリアからヨーロッ
パ大陸へと呼び込んだ，かつてのビザンツ帝国の姿と重ね合わさるものがある。

　メフメト 2 世の最晩年にあたる1480年 7 月，80隻とも130隻ともいわれるオ
スマン艦隊は，イタリア半島からアドリア海を隔ててわずか85 km あまりの地
点にあるアルバニアの主要港ヴロラ（アヴロンヤ）の岸を離れた。この遠征軍
を率いていたのは他でもない，黒海北岸への攻撃を成功させ同地域からジェノ
ヴァ人勢力を駆逐したゲディク・アフメト・パシャその人であった。またたく
間にプーリア地方の海岸への揚陸作戦を敢行したオスマン帝国軍は，同地域の
主要都市であるオトラントを攻囲し，早くも 8 月11日にはこれを陥落させた。
そして，レッチェやブリンディジといった近隣の重要拠点に対して降伏を勧告
するとともに，オトラントを来るべきイタリア征服に向けた前哨基地とするべ
く，冬が到来した後も帰還せず，同地にとどまった（クロー　1998：332f.）。

　この時，オスマン帝国が動員した兵力は，周辺諸国を圧倒する規模を誇るも
のだった。このことは例えば，このイタリア上陸作戦という一大軍事行動を，
主戦場となったオトラントから1,000 km 以上も離れた場所に位置するロドス
島への渡海攻撃と同時期に実行していたという点にも現れている。オトラント
への攻撃に先駆けた1480年 5 月末，150隻を超えるオスマン帝国の大艦隊が突
如ロドス島沖に姿を現した。同島を根拠地としていた聖ヨハネ騎士団による激
しい抵抗によって島の征服こそ断念したものの，上陸したオスマン帝国軍は 8
月に入ってからようやく撤退を開始している。この出来事は，当時のオスマン
帝国が，地中海世界において二正面作戦を優に展開できるほどの質量ともに充

実した艦隊と兵力とをすでに保有していたという事実を明確に示すものだろう。

　ゲディク・アフメト・パシャによるオトラントの占領に続く翌1481年4月27日，メフメト2世は自ら大軍を率いてイスタンブルを発し，ボスポラス海峡をアナトリア側へと渡った。しかし不可解なことに，わずか6日後の5月3日，イスタンブル近郊の宿営地において，メフメト2世は49歳の生涯を閉じる（鈴木 1992：115）。その死因は痛風とされるものの，痛風が一般的には急死の原因となる病気とは考えられないこと，またかりに死に直結する程の重病であったならば，もとより遠征には出発しないと推測されることから，いまだに毒殺説も根強い。しかし，メフメト2世による最後の遠征の行き先とともに，その死の真相もまた，今のところ歴史の闇のなかにとり残されたままとなっている。

　メフメト2世自らがこの時の親征の標的としていたかどうかはともかく，オスマン帝国がオトラントを拠点として，この後イタリア半島を北上しようとしていたことはおそらく間違いない。なぜならメフメト2世の後継者となったバヤズィト2世（在位1481-1512年）もまた後年，軍事援助の見返りとしてプーリア地方の港湾都市ターラントをナポリ王国に要求しているからである。しかし，この時アルバニアのヴロラに戻っていたゲディク・アフメト・パシャがメフメト2世死去の報を受けて向かった先は，前線基地のオトラントではなく，都のイスタンブルだった。こうしてオスマン帝国によるイタリア征服の夢は，その拠点であったオトラントの失陥とともに幻に終わることになったのである。

オスマン海軍の発展と対ヴェネツィア戦役の勝利

　メフメト2世の没後，残された2人の息子である兄バヤズィトと弟ジェムとの間には激しい後継者争いが勃発した。西アナトリアにおいて兄との決戦に敗れたジェムは，エジプトのマムルーク朝，ロドス島の聖ヨハネ騎士団，フランスそしてローマ教皇庁と身を寄せる先を変えつつ，約15年間にわたって長い亡命生活を余儀なくされる。この間，オスマン帝国によるヨーロッパ方面への進出がほとんど見られなかったことから，これを「スルターン・ジェムの時代」ともいうべき特異な時期であったとする見解も存在する（新谷 1985）。

　また，こうした長期間に及んだ軍事的停滞のために，過去にはバヤズィト 2 世に対して「オスマン王朝の生んだ初期の偉大なる十人のスルターンのうちで，最も力量のおちたのはバヤズィト 2 世であった。」というような，きわめて低い見方もなされていた（三橋 1964：185）。しかし近年では，バヤズィト 2 世は，先代のメフメト 2 世による相次ぐ軍事遠征に起因する国家財政の傾きを立て直し（新井 2002：102），とりわけ海軍の発展に尽くして次代のセリム 1 世（在位 1512-1520年）による大征服活動に不可欠な基盤を築いた君主として，むしろ肯定的に評価される傾向にある（林 2008：100-102）。いずれにしても，この時期のオスマン帝国は初期の君侯国の頃とは異なり，もはや「帝国」と呼ぶにふさわしい官僚機構と軍事制度を整備しつつあった。そのため，かりにバヤズィト 2 世自身が保守的かつ消極的な性格の持ち主だったにせよ，そうした君主個人の姿勢や，あるいは兄に敗れた皇弟ジェムという一個人がキリスト教諸国に囚われていたというやはり個人的な事情によって，地中海世界の勢力図が大きく書き換えられたという可能性は，それほど高くはなかったとも考えられる。

　先にも述べたように，バヤズィト 2 世期にオスマン帝国の海軍が相当の充実を見せたことは事実である。造船技術が一段の進歩を遂げたのと並行して，搭載する大砲や小銃の技術も向上したとされる。こうした技術革新には，1492年にカトリック両王によってイベリア半島を追放され，オスマン帝国に流入してきた多くのユダヤ教徒が重要な役割を果たしたという（宮武 1991：58f.）。ただしバヤズィト 2 世は，1492年に滅亡したナスル朝と，アンダルス地方に居住するムスリムに対して直接の支援を行うことはできなかった。しかし，1502年に同地で発布されたムスリムに対するキリスト教への強制改宗令に対しては，オスマン艦隊をイベリア半島南部に送り込むことによって，一部のムスリム住民を救出し，北アフリカやオスマン帝国に移送させている（小笠原 2018：110）。

　こうしたオスマン艦隊の発展を裏づける象徴的な出来事として評価されるのが，1499年から1503年まで行われた対ヴェネツィア戦役である。この戦いの発端もまた，ヨーロッパとりわけイタリア半島に群雄割拠した国家間の争いと駆け引きによるものであった。ナポリ王国の王位を請求したフランスのシャルル

8世（在位1483-1498年）によって1494年から4年間続けられた第1次イタリア戦争が失敗に終わると，これに同行していたジェムがナポリで急死するとともに，シャルル8世もまた本国への帰還後に世を去った。しかし，後継者となった新国王ルイ12世（在位1498-1515年）は，今度は北イタリアにあったミラノ公国の継承権を主張し，これを挟撃するためにヴェネツィア共和国との同盟を締結する。この時のフランス軍によるイタリア半島への再侵入に対抗して結ばれたのが，ローマ教皇庁，フィレンツェ共和国，ミラノ公国およびナポリ王国からなる同盟である。メフメト2世の末期にはナポリ王国の拠点であるオトラントを攻撃したオスマン帝国は，今回は反対に，上記の国々の求めに応じて，ヴェネツィア共和国を相手にペロポネソス半島に存在した各拠点を標的としてヨーロッパ方面への征服活動を再開させることになる（Fisher 1948: 54）。

　1499年8月，大小241隻の艦船からなるオスマン艦隊は，ペロポネソス半島南端に近い海域で行われたゾンキオの海戦において，123隻のヴェネツィア艦隊と数日間にわたって戦い，これに勝利した。また陸上においてもオスマン軍団は，ペロポネソス半島に残されていたヴェネツィア共和国の商業と海事活動の重要拠点であり「ギリシアのふたつの目」とも称されていたメソーニ（モドン）とコローニ（コロン）を次々に陥落させた。さらに，コリンティアコス湾の入口にある要衝ナフパクトス（レパント）もまた，オスマン帝国軍の前に降伏した（Fisher 1948: 63-65）。同じ頃，ヴェネツィア本国は恐慌状態に襲われていた。陸海双方から続々と届けられる敗戦の報に加えて，オスマン帝国の北西辺境に位置したボスニアからは，略奪戦を行うアクンジュ部隊がダルマツィア沿岸部からフリウリ地方にかけての一帯に進撃し，一部がヴェネツィア本島まで100 kmあまりに迫るイゾンツォ川の対岸にまで進出してきたためである（Fisher 1948: 64-66）。ここに及んでヴェネツィア共和国は，実質的な敗北を受け入れ，休戦条約を締結するに至った。一方で，このヴェネツィア共和国との戦いを勝利のうちに終結させることができたオスマン帝国は，もはや海軍力においてもヴェネツィア共和国を圧倒し，その結果として東地中海における制海権を確実なものとすることに成功するのである（中平 2018：132-134）。

　ただし一言付け加えておくとすると，すでに述べたようにオスマン帝国は，
これ以前のメフメト2世期においてもヴェネツィア艦隊と十分に渡り合ってい
ただけでなく，エヴィア島をはじめとするエーゲ海の重要拠点を占領し，これ
らを維持するだけの力を有していた。さらに，最終的には実を結ばなかったも
のの，オトラントとロドス島を同時に攻撃することすら可能だった。こうした
オスマン帝国における海軍力の礎こそが，バヤズィト2世期におけるさらなる
展開を準備していたということは，あらためて強調しておく必要があるだろう。

オスマン帝国とイタリア・ルネサンス

　本節を締めくくるにあたって，ここまで述べてきたようなオスマン帝国と地
中海世界におけるキリスト教諸国との政治的，軍事的な関係に加えて，文化的
なつながりについても触れておきたい。具体的には，オスマン帝国とイタリ
ア・ルネサンスとのかかわりについて，いくつかの例をもとに検討していく。

　メフメト2世やバヤズィト2世が，高い水準を誇っていたイタリア・ルネサ
ンスを代表する画家や建築家を多数，オスマン帝国に招聘しようとしていたこ
とは，よく知られている。そして，実際に多くの芸術家たちが，オスマン宮廷に
赴いて活動していた（新谷 1995：63-65）。なかでも，今に伝わる作品を残してい
るのはヴェネツィア学派のジェンティーレ・ベッリーニである。彼は高名な画
家ジョヴァンニ・ベッリーニの実兄であり，メフメト2世は弟の派遣をヴェネ
ツィア政府に要請したが，送られてきたのはその兄であったとされる。ベッリ
ーニは1479年から1年以上にわたってオスマン宮廷に滞在し，有名なメフメト
2世（図5-3）の肖像画を残している。死の直前に描かれたという肖像画の大部
分は後世の修復であるとする説もあるものの（永田 1998：63f.），オスマン帝国
において西洋絵画の技法を用いて描かれた貴重な作品であることは間違いない。

　さらに興味深いことに，バヤズィト2世期には，複数の著名なルネサンス期
の建築家たちにイスタンブルに大型の橋を建設させるという計画が構想されて
いた。最初に紹介する人物は「万能の天才」としても知られるレオナルド・
ダ・ヴィンチである。彼は，1502年もしくは1503年にオスマン帝国に書簡を送

図 5-3　ベッリーニによるメフメト 2 世の肖
　　　　像画
　出典：Orbay A. (ed.), *The Sultan's Portrait:*
　　　　Picturing the House of Osman, İş banka-
　　　　sı, İstanbul, 2000.

り，いくつかの機械の製造とともにイス
タンブルの金角湾に架ける橋の建設を自
ら提案している（新谷 1995：65f.）。実際
に，ダ・ヴィンチが残した手稿には，橋
の設計図（**図 5-4**）が詳細な数値や説明
文とともに描かれており，一説によると，
より巨大な橋を建設する必要があるボス
ポラス海峡への架橋についても検討して
いたとされる（永田 1998：28f.）。しかし，
結局この計画は実現せず，ダ・ヴィンチ
がイスタンブルを訪れることもなかった。
　歴史に「もし」はない。しかし，かり
にこの時，金角湾に橋が架けられていた
とすれば，実際の橋が完成することにな
る1836年に300年以上も先駆けた偉業と

なるはずだった。また，もしもボスポラス海峡に橋が架けられていれば，これ
も現存するボスポラス大橋（7月15日殉難者橋）が開通した1973年を遡ること
450年以上も前に，アジアとヨーロッパとが橋で直結されるという快挙となる
可能性があった。しかし一方でこの時，オスマン帝国が建設計画を承認し，
ダ・ヴィンチがイスタンブルに来ていたならば，1503年から数年をかけて描き
上げられたとされる名画「モナ・リザ」は，逆にこの世には存在していなかっ
たかもしれないのである。
　ダ・ヴィンチに続いて，金角湾の架橋計画に関わったのは，やはりルネサン
スの巨匠として知られるミケランジェロであった。1505年頃，おそらく上記の
ダ・ヴィンチによる提案がなされた直後に，今度はミケランジェロが，橋の設
計を自ら売り込んできたという。この計画は立ち消えになったようであるが，
それから15年後の1519年には逆にオスマン帝国からの招聘があったとされ，仲
介したエディルネ在住のフィレンツェ商人による書簡が残されている（新谷

1995：66f.；永田 2012：101）。しかし，ミケ
ランジェロもまた，実際にはイスタンブル
を訪れることはなかった。結果として，金
角湾に常設の橋が完成するのは，上記のよ
うに19世紀中頃を待たなければならないこ
とになる。

　これまで「オスマン帝国とルネサンス」
というと，一般的には，オスマン帝国がビ
ザンツ帝国を滅ぼしたために，亡命した知
識人や彼らがもたらした文献がイタリアに
おけるルネサンスの原動力となった，とい
うような単線的な理解が受け入れられてき
た（三橋 1964：172f.）。しかし，こうした
評価は，どの程度妥当なのだろうか。例え

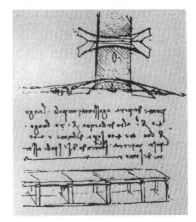

図5-4　レオナルド・ダ・ヴィンチによる
　　　　イスタンブルの橋の設計図
出典：Yusufoğlu, Y., "Vinci, Leonardo da,"
　　　Dünden Bugüne İstanbul Ansiklopedisi,
　　　vol. 7, Türkiye Ekonomik ve Toplumsal
　　　Tarih Vakfı, İstanbul, 1994, pp. 387f.

ば，初期ルネサンスの先駆者であるとされるダンテが『神曲』を執筆しはじめ
たのは，オスマン君侯国が誕生してまだ間もない14世紀初頭のことである。同
じく，ルネサンスを代表する文人であるペトラルカがローマにおいて「桂冠詩
人」とされたのは1341年のことであり，これもオスマン君侯国がヨーロッパ大
陸に進出する10年以上も前の出来事になる。もちろん，すでに見てきたように，
オスマン帝国はルネサンス文化の展開と密接な関係を有していた。しかし，オ
スマン帝国はルネサンスが生み出した知識人や芸術家たちに対してあくまで
「パトロン」として接していたのであり，それとメディチ家などによるパトロネ
ージとの間には，本質的な違いを見出すことはできない（永田 2012：97-101）。
この意味においても，オスマン帝国の軍事的圧力がルネサンスを引き起こした
などというのは，史料的根拠をもたないヨーロッパ中心主義的な先入観にもと
づいて，その脅威を誇張しようとした曲解であると考えざるをえないのである。
　ただし，これまでも見てきたように，この時期のオスマン帝国は同じ地中海
世界のなかで，ヨーロッパ諸国と政治，軍事のみならず経済や文化の面におい

ても，さまざまなかたちでつながっていた。こうした事実をふまえるならば，「この時期のオスマン朝はヨーロッパを造るものであった」とする指摘は当を得ており（新谷 1995：71），さらに踏み込んでいうならば，逆にキリスト教諸国の発展もまた，オスマン帝国に対して多大な影響を及ぼしていたのである。

3 「オスマン帝国の海」としての地中海

ロドス島の征服

　1512年，イェニチェリに支持された皇子セリムは父バヤズィト 2 世に対する事実上のクーデタを成功させ，セリム 1 世（在位1512-1520年）として即位した。セリム 1 世は早速，1514年にアナトリア東部のチャルドゥランにおいてサファヴィー朝を撃破し，さらに1516年にはシリア，エジプトおよびメッカとメディナの両聖都を擁するヒジャーズ地方を支配するマムルーク朝に侵攻した。足かけ 2 年以上に及んだ戦いの結果，マムルーク朝は征服され，オスマン帝国は地中海の東部を取り囲む陸域のほぼすべてに加えて，インド洋へとつながる紅海沿岸部をも手中に収めることになる。しかし，セリム 1 世は，即位時にはすでに40歳を超えていたこともあり，わずか 8 年という短い在位中にオスマン帝国の支配領域を 2 倍以上に広げた後，1520年に死去した（林 2008：106-118）。

　セリム 1 世の後を継いだのは，スレイマン 1 世（在位1520-1566年）であった。その治世において，オスマン帝国の領域は地中海世界のおよそ 3 分の 2 以上に及び，黒海に続いて地中海もが実質的に「オスマン帝国の海」となるに至る。そのスレイマン 1 世の前に最初に立ちはだかったのは，「征服者」とあだ名された曾祖父メフメト 2 世の攻撃をも退けた，ロドス島の聖ヨハネ騎士団であった。イェルサレムをムスリムから守護するべく創設されたという聖ヨハネ騎士団，別名ホスピタル騎士団は，この頃すでにその名に反して，医療よりもむしろ海賊行為を活動の中心とする集団となっていた。その主たる標的は，エジプトやシリアと帝都イスタンブルとの間を往来するムスリムの商船や，オスマン帝国の臣民として商業活動を行っていたギリシア系商人の船舶であった。その

ため，海賊集団の拠点となっていたロドス島を征服し，地中海東部における航路の安全を確保することは，オスマン帝国にとって軍事上のみならず経済的な意味においても最優先課題の1つに位置づけられていた（小笠原 2018：124）。

メフメト2世による攻撃から42年が経過した1522年の夏，235隻の艦船からなるオスマン艦隊は，10万人以上とされる軍団とともにロドス島に到達した（林 2008：125f.）。12月初旬まで続いた異例ともいえる長期の攻囲戦の結果，文字通り矢も弾も尽き果てた聖ヨハネ騎士団はついに降伏し，スレイマン1世の許しのもとに生き残った騎士団員は島を離れた。後に彼らは，神聖ローマ帝国皇帝にしてスペイン王であり，ナポリやシチリア島の王も兼ねていたカール5世（在位1516-1556年）によって与えられたマルタ島へと移住し，その後もオスマン帝国に対して細々と抵抗を続けていくことになる（クロー 1992：54-60）。

ハプスブルク家との対決

ちょうどこの頃，神聖ローマ帝国の皇帝位を選挙戦で争ったカール5世とフランス国王フランソワ1世（在位1515-1547年）は，その後も北イタリアを巡って激しい熱戦を繰り広げていた。その結果，フランソワ1世は，1525年2月に北イタリアのパヴィアにおいて神聖ローマ帝国軍に敗れ，囚われの身となった。当時，地中海世界はもとより広くヨーロッパにおいてもまた，ハプスブルク家の当主であるカール5世に真っ向から対抗し，フランソワ1世の窮地を救えるような勢力はオスマン帝国の他に存在しなかったといえる。同年8月には，フランソワ1世の母后ルイーズ・ドゥ・サヴォワによる息子の救出を懇願する手紙が，遠くスレイマン1世のもとに届けられた。これに対してスレイマン1世が送った心温まる返書は，今もパリに伝存している（クロー 1992：174-176）。

翌1526年，スレイマン1世は，カール5世の妹を娶っていたハンガリーのラヨシュ2世率いる軍団をモハーチの戦いにおいて撃破し，その都であったブダを占領した。さらに，1529年5月には，ついにハプスブルク家の牙城であったウィーンを目指し，15万人といわれる大軍を率いてイスタンブルを発った（小笠原 2018：128）。しかし折からの悪天候によって行軍は遅れ，ウィーンの城壁

に到達した時にはすでに，秋深まる9月末となっていた。気候の寒冷化が進んでいた16世紀中頃のことであり（澤井 2015：50-64），この時も包囲開始からわずか2週間後の10月14日にはウィーンの空に雪が舞いはじめたという。その2日後，スレイマン1世は全軍に撤退を命じた。ウィーンは皇帝カール5世の軍事力ではなく，予想外に早く訪れた冬将軍とイスタンブルとの間に横たわる長大な距離に及んだ泥濘（ぬかるみ）によって辛くも救われたのである（クロー 1992：91）。

プレヴェザの海戦とニース占領

これより少し前，シリアとエジプトを制圧したセリム1世の治世に，バルバロス・ハイレッティンが，その兄とともに北アフリカのアルジェを制圧し，カール5世の圧力に対抗するためオスマン帝国に臣従してきていた。エーゲ海のレスボス島に生まれたハイレッティンは優れた艦隊指揮官であり，その帰順によって，オスマン帝国は地中海西部の南岸にあたるマグリブにも艦隊の根拠地を有することになる。そして1532年に，カール5世に仕えるジェノヴァ人の「海の傭兵」アンドレア・ドーリアが，ペロポネソス半島南端に位置し，かつてヴェネツィアの海軍拠点であったコローニをオスマン帝国から奪う事態となると，ハイレッティンはイスタンブルに招聘されて海軍大提督に任じられた（中平 2018：143f.）。翌年の春，オスマン帝国は早々にコローニを奪還し，ハイレッティンは引き続きオスマン艦隊のさらなる強化に努めることになる。

1534年10月，スレイマン1世の使節団を伴ったオスマン艦隊が南仏のマルセイユに入港した。使節は陸路パリへと赴き，翌年6月にはフランスの使節団がイスタンブルに到着した。この時，スレイマン1世自身は対サファヴィー朝遠征のために不在であったが，一連の交渉によって後の1569年にフランスに与えられる恩恵的特権（カピチュレーション）の基礎となったとされる通商協定とともに，カール5世に対する共同作戦についても合意がなされたと考えられている。それによると，スレイマン1世はカール5世が王位を兼ねるナポリ王国を攻撃すると同時に，フランソワ1世は北イタリアに侵攻することが取り決められていた。しかし，フランソワ1世はこの約束を実行に移さず，スレイマン

1世もまた遠征直前に発覚したヴェネツィア艦隊によるオスマン艦船の襲撃事件によって攻撃目標をケルキラ島へと変更したため，カール5世は窮地を脱した。アドリア海の出入口に位置し，ヴェネツィアにとっての最重要拠点でもあったケルキラ島への攻撃にはフランス艦隊も一応合流したものの，短い包囲の後にスレイマン1世は撤退を決め，ハイレッティンはエーゲ海に残されていたヴェネツィアが領有する島々を占領した（クロー　1992：150-152，186-190）。

　こうしたオスマン帝国の攻勢の前に，ローマ教皇庁を中心にして神聖同盟が結ばれ，それを構成した神聖ローマ帝国，ヴェネツィア共和国，ジェノヴァ共和国および聖ヨハネ騎士団は，連合艦隊を結成してオスマン艦隊との決戦を準備した。そして1538年9月28日，ペロポネソス半島西岸のプレヴェザ沖において歴史的な海戦は行われた。ハイレッティンが指揮したオスマン艦隊は，倍以上の戦力差をものともせず，ドーリア率いる神聖同盟の大艦隊に圧勝する。プレヴェザの海戦は，陸上だけでなく海上においても，またヨーロッパ諸国が束になってかかろうとも，オスマン帝国に勝利することは容易ではないという事実をあらためて知らしめる結果となった。もはや，地中海世界においてオスマン帝国の行く手を直接遮るものはなく，地中海中部に位置するシチリア島やマルタ島はもとより，地中海西部に浮かぶバレアレス諸島やスペイン本土でさえもオスマン艦隊による襲撃の対象となったのである（クロー　1992：152-157）。

　そして，プレヴェザの海戦から5年を経た1543年春，ハイレッティンが指揮する150隻からなるオスマン艦隊はイスタンブルを出航し，イタリアのカラブリア地方，サルデーニャ島，ナポリの沿岸およびコルシカ島を次々と襲撃して，マルセイユ港に入った。ここでは50隻のフランス艦隊がハイレッティンを歓待するために停泊していた。しかし，この時も事前に約束されていたスペイン本土を狙った共同作戦は実施されなかった。代替の目標とされたのは，カール5世と同盟するサヴォイア大公が支配した街ニースであった。ともあれ，オスマン帝国とフランスの連合軍はニースを陥落させ，オスマン艦隊はその冬，南仏の軍港トゥーロンで越冬した。しかし間もなく，フランソワ1世がパリ近郊で死去すると，地中海世界の東西をつないだオスマン帝国とフランスとの蜜月時

代も，やがて終わりを迎えることになるのである（クロー 1998：193-203）。

4　ブローデルの「地中海世界」を越えて

キプロス島とクレタ島の征服

　ここまで述べてきたような経緯によって，1540年代以降の地中海世界は「オスマン帝国の海」となった。もちろん，よく知られているように1571年には地中海東部に残されたヴェネツィア共和国の重要拠点であったキプロス島をめぐる戦いの最中にレパントの海戦が発生し，オスマン艦隊は敗れている。ただし，この時も戦いの焦点はあくまでキプロス島の行方にあった。すなわち，オスマン帝国は地中海で3番目に大きな島を征服して新たな領土に加え，半年後には艦隊も再建したのに対して，ヴェネツィアはこれを永久に失ったのである。

　1645年から開始されたクレタ島をめぐるオスマン帝国とヴェネツィア共和国との攻防は四半世紀に及び，すでに述べたように，その間にはヴェネツィア艦隊によるダーダネルス海峡の封鎖も行われた。しかし，クレタ島もまた最終的には1669年にオスマン帝国の手に落ち，これによってヴェネツィア共和国はエーゲ海における最後の重要拠点を喪失することとなる（澤井 2018：83-85）。

　ロドス島から撤退した聖ヨハネ騎士団が，その後にマルタ島へと移住したことについてはすでに記した。マルタ島もまた1551年と1565年の2度にわたってオスマン帝国の攻撃を受けたものの，これを何とか退けつつ散発的な海賊行為を繰り返していく。しかし以上のような諸要素を考慮しても，地中海が「オスマン帝国の海」であったことに変わりはなく，こうした構造は近代が動きはじめる18世紀末頃まで大きく揺らぐことなく継続したのである（グリーン 2014）。

オスマン帝国と「大航海時代」

　一方で，とりわけセリム1世がシリアとエジプトを征服した頃から，オスマン帝国が地中海世界に勝るとも劣らない注意と関心を払ったのが，ポルトガル人が新たに台頭しつつあったインド洋海域世界の情勢であった。この，いわゆ

る「大航海時代」が開始された要因についてもまた，ルネサンスの場合に類似する言説が古くから流布している。すなわち，スペインやポルトガルは，地中海世界の東部におけるオスマン帝国の脅威を避けるために，新たな貿易路を求めてアフリカ大陸の南端を迂回する新航路の発見に乗り出したのだとする見解である。最近ではさらに進んで，この出来事が「近代ヨーロッパ」の到来をもたらしたとする議論まで行われるようになっている（新井 2002：113-115）。

　しかし，大航海時代の幕開けとして一般に語られるポルトガルのエンリケ航海王子によるセウタ攻略は1415年のことであり，この頃のオスマン帝国は1402年のアンカラの戦いでティムールに敗北して滅亡の危機に瀕し，その後も長らく続いた内戦をようやく終えたばかりであった。そもそもインド洋から地中海世界に至る通商路の大動脈は，北のペルシア湾ルートではシリア，南の紅海ルートではエジプトへとつながっており，これらの地域にオスマン帝国が実質的に大きな影響力を及ぼすようになったのは，すでに述べたセリム1世による両地域の征服後，すなわち1517年以降のことである。その頃にはすでに，1498年のヴァスコ・ダ・ガマによるインドのカリカット到達から早くも20年の歳月が経過しようとしていた。ポルトガルは1510年にゴアを占領して拠点としていたばかりか，1515年にはペルシア湾の入口にあるホルムズを占拠してペルシア湾ルートを遮断することさえ試みていたのである（中平 2018：150-153）。

　1517年以降，インド洋からもたらされる物資の流通によって，さまざまな税をはじめとする巨大な利益を得ることになったオスマン帝国が，積極的に貿易を阻害する政策を行う必要性は存在しない。まったく逆に，オスマン帝国はこの後，インド洋海域世界におけるポルトガル人勢力の影響力を低下させ，ペルシア湾や紅海を経由する旧来の貿易ルートを再生させるために，多大な努力を払うようになる。具体的には1538年にインド北西部のグジャラート王国をポルトガルの圧力から解放するためにインド洋にオスマン艦隊を派遣した他，1548年には，アメリカ大陸を含んだ最初期の世界地図を制作し，海事書『海洋の書』の著者としても知られるピーリー・レイスが率いる艦隊に，ポルトガルが支配していた紅海の出入口にあたる港湾都市アデンを征服させている。ピーリ

ー・レイスはまた，1551年にはペルシア湾を攻撃して，同じくポルトガルが支配した湾口南岸のマスカットを占領したものの，湾北岸のホルムズの征服には失敗し，カイロに帰還した後に処刑された（新谷 1990：108f.）。

　さらに1560年代になると，ポルトガルに対抗するアチェ王国の支援要請に応えるかたちで数度にわたり，インド洋を横断してインドネシアのスマトラ島北岸にまでオスマン艦隊が派遣されている。こうした地理上の地中海を越えて，いわば地中海世界を隣接する他の地域世界へと接続しようとするオスマン帝国の壮大な試みは，16世紀後半に長らく大宰相を務めたソコルル・メフメト・パシャのスエズ運河計画によって頂点に達した（林 2008：174）。ただし，地中海世界とインド洋海域世界とを直接に結びつけるはずだったスエズ運河の掘削は，現地調査が実施され，当時の土木技術の限界によって実現する可能性が低いことがあきらかになると見送られた。周知のように，レセップスによってスエズ運河が開通するのは，この試みから約300年後の1869年のことである。

オスマン帝国による「拡大地中海世界」

　他方で，隣接する別の地域世界である中央ユーラシア世界と地中海世界とのつながりを強化する計画は実行に移された。すなわち，黒海北東のアゾフ海に注ぐドン川と内陸のカスピ海へと下るヴォルガ川がもっとも近接する地点を結ぼうとするドン・ヴォルガ運河の試みである。アゾフ海とカスピ海を直接つなげて軍事的，商業的ルートを確保し，それによってサファヴィー朝やモスクワ大公国に対抗しようとしたこの壮大な計画は，1569年には全行程の3分の1ほどが実際に掘削されたという。しかし，巨額の財政負担に加えて，スエズ運河と同様の技術的限界によって，計画は最終的に放棄されるに至った（アレン 2011：28-36）。その後，このドン・ヴォルガ運河計画はロシアの支配者たちによって何度も試みられ，最終的にはスターリン時代の強制労働をともなう突貫工事によって第2次世界大戦後の1952年になって，10年以上の歳月を費したうえでようやく開通することになるのである。

　結果はともあれ，こうしたオスマン帝国による隣り合う地域世界相互の接続

を強化しようとした数々の試みは，貿易ルートの阻害要因としての従来の評価とは正反対の歴史的事実をわれわれに突きつけている。かつてブローデルは『地中海』のなかで，地理的な意味では地中海の外にある北海やバルト海をも地中海世界の重要な一部としてみなした。同様に，オスマン帝国史研究が大きく進展した現在，私たちは地中海世界の北東に広がる中央ユーラシア世界と重なりあう黒海やアゾフ海とともに，地中海世界の南東に位置し歴史的には地中海世界とインド洋海域世界との結節点としての重要な役割を果たしてきた紅海やペルシア湾も含めたかたちでの新たな，いわば「拡大地中海世界」とでもいうべき地域概念の可能性を検討しなければならない時期にきているのではないだろうか。

参考文献

新井政美『オスマン VS. ヨーロッパ──「トルコの脅威」とは何だったのか』講談社，2002年。

アレン，W. E. D., 尾髙晋己訳『16世紀世界史におけるトルコ勢力の諸問題』あるむ，2011年（原著1963年）。

小笠原弘幸『オスマン帝国──繁栄と衰亡の600年史』中央公論新社，2018年。

クロー，A., 濱田正美訳『スレイマン大帝とその時代』法政大学出版局，1992年（原著1983年）。

────，岩永博訳『メフメト 2 世』法政大学出版局，1998年（原著1983年）。

グリーン，M., 秋山晋吾訳『海賊と商人の地中海──マルタ騎士団とギリシア商人の近世海洋史』NTT 出版，2014年（原著2010年）。

澤井一彰『オスマン朝の食糧危機と穀物供給──16世紀後半の東地中海世界』山川出版社，2015年。

────「ヴェネツィアによる1656年のダーダネルス海峡封鎖とオスマン朝──女人政治の時代からキョプリュリュ家の時代へ」『小田淑子先生退職記念論文集』2018年，75-97頁。

新谷英治「『スルターン・ジェムの時代』のオスマン朝とヨーロッパ」『西南アジア研究』24，1985年，34-60頁。

────「"Kitab-i Bahriya" の性格── Ayasofya 2612 寫本本文を中心に」『東洋史研究』49-2，1990年，331-363頁。

────「オスマン朝とヨーロッパ」歴史学研究会編『世界史とは何か──多元的世

界の接触の転機（講座世界史 1）』東京大学出版会，1995年，47-73頁。

鈴木董『オスマン帝国——イスラム世界の『柔らかい専制』』講談社，1992年。

中平希『ヴェネツィアの歴史——海と陸の共和国』創元社，2018年。

永田雄三「レオナルド・ダ・ヴィンチの金角湾架橋プロジェクト——ルネサンス芸術
　家の『パトロン』？オスマン宮廷」大村幸弘他編『トルコを知るための53章』明石
　書店，2012年，97-101頁。

————・羽田正『成熟のイスラーム社会』中央公論社，1998年。

林佳世子『オスマン帝国500年の平和』講談社，2008年。

ブローデル，F.，浜名優美訳『地中海』全 5 巻，藤原書店，1991-1995年（原著1964
　年第 2 版）。

三橋冨治男『トルコの歴史——オスマン帝国を中心に』紀伊国屋書店，1964年。

宮武志郎「15・16世紀オスマン海軍による火器技術の受容——ユダヤ教徒の役割の一
　端」『オリエント』34-1，1991年，48-64頁。

Brummett, P., *Ottoman Seapower and Levantine Diplomacy in the Age of Discovery*,
New York: State University of New York, 1994.

Casale, G., *The Ottoman Age of Exploration*, New York: Oxford University Press, 2010.

Fisher, S. N., *The Foreign Relations of Turkey, 1481-1512*, Urbana-Champaign:
University of Ilinois Press, 1948.

Katip Çelebi (İdris Bostan, ed.) *Tuhfetü'l-Kibar fi Esfari'l-Bihar*, Ankara: T. C.
Başbakanlik Denizcilik Müsteşarliği, 2008a. (同書の英訳として，Katip Çelebi
(İdris Bostan, ed.) *The Gift of the Great Ones on the Naval Campaigns*, Ankara: T.
C. Başbakanlık Denizcilik Müsteşarlığı, 2008b.)

Orbay A. (ed.), *The Sultan's Portrait: Picturing the House of Osman*, İş bankası,
İstanbul, 2000.

Yusufoğlu, Y., "Vinci, Leonardo da," *Dünden Bugüne İstanbul Ansiklopedisi*, vol. 7,
Türkiye Ekonomik ve Toplumsal Tarih Vakfı, İstanbul, 1994, pp. 387f.

── コラム⑤　コーヒーから「大航海時代」後の地中海世界を考える ──

　インド洋から地中海東部（レヴァント）を経由してヨーロッパへと至る貿易ルートにおける「花形商品」は、東南アジアやインドに産した各種の香辛料であったといわれる。例えばポルトガルは、アフリカ南端の喜望峰をまわる新航路によって香辛料をただ黙々と運んだだけではなく、競争相手となる従来の通商路の喉元ともいうべき紅海やペルシア湾の入口を封鎖してまで香辛料貿易を独占し、貴重なスパイスをヨーロッパにおいて高値で販売しようと試みていた。

　こうした動きをもって、インド洋からヨーロッパへと至る商業ルートの根幹は、新航路へと移行したとする見方は古くから受け入れられてきた。この理解に従うと、地中海世界もまた大航海時代以降には大西洋経済に圧倒され、主導的な役割を失うことになる。しかし、事実は本当にこれほど単純なのだろうか。

　このコラムでは、こうした単線的かつ一方的な歴史の理解を相対化するために、コーヒーという商品を取り上げることで大航海時代後の地中海世界の歴史を再検討してみたい。なお実際にはオスマン帝国が行った多くの努力によって、とりわけ紅海ルートを経由する貿易は、まもなく従来以上の活況を取り戻したといわれる。その結果、地中海が「オスマン帝国の海」となった1540年代になると新航路による香辛料貿易の独占はもろくも崩れ去り、ポルトガルは深刻な経済危機に瀕することになるのである。

　ところでコーヒーの原産地は、アフリカのエチオピアあるいはアラビア半島のイエメン周辺であるとされる。有名な「山羊飼いカルディ」による発見の逸話はおそらく伝説に過ぎないが、少なくとも中世後期にはアラビア半島においてスーフィー（イスラーム神秘主義者）たちを中心に飲用がはじまっていた。そして、オスマン帝国が地中海世界に覇を唱えていた1554年には、記録に残る最初のカフェが帝都イスタンブルにおいて開店されている。カフェインの興奮作用によって、当初はムスリムが飲用を禁じられている酒の一種とも見なされることがあったコーヒーは、オスマン政府による禁止と解禁とを繰り返しながら、現在では中東のみならず世界中の人びとに親しまれる飲み物となっている。

　珈琲という日本語は、江戸時代にオランダ人がこれをコフィ（koffie）と呼んでいたことに由来する。ただし、コーヒーの語源をさらにたどればアラビア語のカフワ（قهوة/qahwa）に行きつく。そして、それをオスマン帝国の人びとがトルコ語で訛ってカフヴェ（kahve）と発音したものが世界に広まったのである。言うまでもなく上記のオランダ語はもとより、英語（coffee）やフランス語（café）の単語もまた、このカフヴェが伝えられたものである。エチオピアやイエメンから紅海を経由してオスマン帝国統治下の地中海に入り、そこからヨーロッパへと広まる。コーヒーの伝播が、まさにかつて香辛料が運ばれ

ていた貿易ルートと同じ経路をたどっていることに皆さんは気づいただろうか。

　ちなみにヨーロッパで最初のカフェは，イスタンブルに遅れること約1世紀の1645年にローマで開かれたという。紅海ルートによる貿易路が大航海時代の到来によって本当に途絶えていたなら，その後コーヒーが新たな花形商品となってこれほど世界中に普及することもなく，また現代を生きるわれわれが，あの黒くて苦い飲み物をここまで愛することもなかったかもしれない。

　ただし当然のことながら，このコラムは喜望峰を経由する新航路が全く機能していなかったことを主張しているわけではない。ヨーロッパ人たちが新航路によってイエメンから運んだアラビカ種のコーヒー豆は，その積出港であったムハーの名をとって，今もモカ・コーヒーと呼ばれている。

トルコ・コーヒー

第6章

地中海と紅海

カイロを流れるナイル川

現在のカイロは，その近郊を含めて2,200万人を越える人口を有する大都市圏を形成している。イブン・ジュバイルが旅した頃には，地中海と紅海を結び付ける重要な交通路としてナイル川は機能していた。

イブン・ジュバイルの旅路

年月日	出　来　事
1183年2月3日	グラナダを出発
2月24日	セウタを出港
3月26日	アレクサンドリアに到着
4月6日	フスタートに到着。ピラミッドやスフィンクスを満喫
5月1日	ナイル川へ出船
5月19日	クースに到着
6月25日	アイザーブに到着。紅海に臨む
7月18日	アイザーブを出港
7月26日	ジッダに到着
8月4日	メッカに到着。巡礼を果たす
1184年4月6日	メッカを出発
5月16日	バグダードに到着
5月28日	バグダードを出発。十字軍の支配下にある諸都市を訪問
9月18日	アッカに到着
10月18日	アッカを出港。遭難するもシチリア王国に救助される。パレルモなどを経由して西へ向かう
1185年4月25日	グラナダに帰還

＊イブン・ジュバイルの旅路における西暦の年月日については，『メッカ巡礼記』の記載にしたがっている。いずれもユリウス暦であり，現代のグレゴリウス暦に換算するためには約7日を加える必要がある。

イドリースィーの軌跡

年	出　来　事
1100頃	セウタで生まれる
1138	シチリア王国のルッジェーロ2世によってパレルモへ招聘される
1154	世界地図と地理書を完成させる
1165頃	セウタあるいはシチリア島で亡くなる

1　地中海を離れて

　本書で扱う中世において，地中海は3つの東方ルートを通して，胡椒をはじめとした各種産物を獲得していた（アブー・ルゴド 2005 I：173-189）。1つ目がコンスタンティノープルから中央アジアを陸路で抜けるルート，2つ目が東地中海からバグダードを経てペルシア湾へ至るルート，3つ目がエジプトを経て紅海へ向かうルートである。この3つのルートによって，地中海やヨーロッパ内陸部は孤立することなく，東方と相互に依存し合う世界の一部として発展していくこととなった。しかし，11世紀以来続く十字軍によるシリアやパレスティナの支配や，トルコ系遊牧民のアナトリアやシリアへの侵入，モンゴル軍の侵攻，ファーティマ朝やアイユーブ朝，マムルーク朝によるエジプト支配によって，11世紀以降には，3つ目の紅海ルートが地中海とインド洋を結びつける交易の主軸となっていったといわれている。

　そのため，中世の地中海にとって，紅海はきわめて重要な海であった（Goldberg 2015: 99）。ユダヤ商人やイタリア商人，カーリミー商人といった多様な人びとが，それぞれの活動域でそれぞれの利益を最大化するように動いた結果，インド洋周縁部の産物が紅海を経由してエジプトへ至り，アレクサンドリアから地中海に積み出されていた。また地中海周縁部の商品もまた，このルート上を移動して紅海へ抜けていた。地中海は，紅海とともにあった。

　一方で，13世紀の段階にあってもペルシア湾ルートに衰えが見られないことを，2019年に出版された論文がアデン港課税品目録（後述）の内容をもとに議論している（Yokkaichi 2019）。ペルシア湾ルートから紅海ルートへ交易の主軸が移ったとする図式については，今後修正が加えられていく可能性がある点に注意が必要であるが，地中海にとっての紅海の重要性が否定されることはないだろう。

　本章では，この紅海ルートとそこで行き交った商品に着目することで，地中海が閉じた世界ではなく外部との交流のうえで成り立っていたことを示したい。

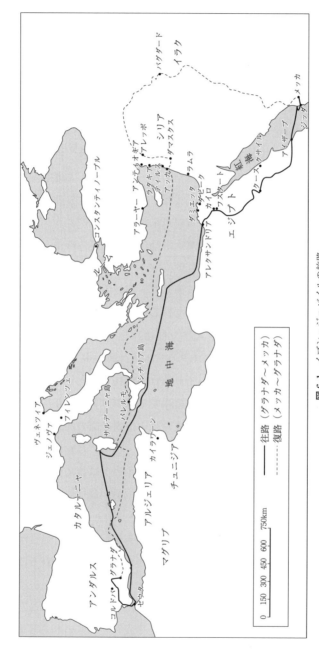

図 6-1 イブン・ジュバイルの旅路

出典：イブン・ジュバイル 2016 I：イブン・ジュバイルの全旅程（巻末）より。

そのためにまず，12世紀にアンダルスからメッカまで地中海と紅海を越えて旅をしたムスリムのイブン・ジュバイル（1145年生-1217年没）による第1回メッカ巡礼の際の旅行記を中心にすえて，往時の地中海と紅海がどのように接続していたのかという点を見ていく。そのうえで，そこで行き交った商品について，紅海とインド洋を結ぶアデンで作成された課税品目録をもとに具体的に検討する。本章を通して，前章までで見てきた地中海の歴史をさらに立体的に捉えることができるようになるだろう。

2　地中海から紅海へ──イブン・ジュバイルの旅路

地中海の風と商人

1183年2月3日，イブン・ジュバイルは，メッカ巡礼を行うべくグラナダを出発した。その旅は，地中海とエジプト，紅海，メッカ，シリアを巡る遠大なもので，帰還するまでに約2年3カ月を要した。往路では，セウタを出港後激しい嵐に遭いつつもアレクサンドリアに到着し，ナイル川を南下，東部砂漠を横断して紅海をわたり，メッカにたどりついた。そして復路では，メッカから北上してバグダードを経由後，十字軍との衝突が起きている一帯を横断し，アッカ（アッコン）から出港し，シチリア島近辺で遭難した。その後再度ジェノヴァ船に乗り込むと，1185年4月25日にグラナダに帰還した。注目すべきは，彼は往路においても復路においても，地中海を船で横断していること，そしてジェノヴァ人が所有する船にキリスト教徒と一緒に乗っていることである。ここには，地中海における移動のあり方と，活躍した人々の諸相を考えるうえで，避けては通れない重要な論点が現れている。

この頃の遠距離航海では，風を受けて走る帆船が主に用いられていた。地中海で吹く風について，イブン・ジュバイルはアッカから西へ向かう船の出港を待っている間に，以下の記録を残している。

この方面における風の吹き方については，不可思議な摂理がある。すなわ

ち，そこでの東風は春と秋の２つの季節だけしか吹かず，そのため東風を使った旅はその２つの季節を除いて行われない。そのため，商人たちはこの２つの季節においてのみ，取り引き商品を持ってアッカにとどまる。つまり春季における旅は４月の半ばからで，おおむね５月末まで続く。それに対して秋季における旅は，10月中旬からで，彼らによれば，まるで時間がこそこそと通り過ぎるような状態で，その期間は15日間前後にすぎない。一方，西風はより長く，かつ継続的である。以上のようなことから，マグリブやシチリア，ルームなどの西方に向けて旅立つ者たちは，この両季節の東風を，まるで約束事を待つように，期待して待つのである。(イブン・ジュバイル 2016 Ⅲ：252-253。一部修正を加えた)

地中海においては，およそ１年の大半の時期で西風が優勢となっていた。西から東へ向かう遠距離航海のベストシーズンは，特に７月下旬から９月の間であったとされる (Goldberg 2012: 109)。一方で，東から西への航海においては，１年のうちで決まった時期にだけ吹く東風を待たなければならなかった。すなわち，東地中海のアレクサンドリアやアッカを西へ向けて発つことができる時期は，４月半ばから５月末までの春季と，10月半ばから末にかけての秋季に限られていた。さらに11月半ばから３月上旬にかけては，強風と豪雨のために，遠洋航海は基本的にはおこなわれていなかったと考えられている。(Margariti 2007: 39-40；Goitein 1967-1993 Ⅰ：316-318)

　もっともイブン・ジュバイルが乗った船がセウタを出航したのは２月のことであり，西から東へ向かう航海が夏季のベストシーズン以外でも可能であったことを示している。他方，アッカを出港する際には，東風が吹くのを12日間にわたって待ち，「約束事」のように10月18日に吹きはじめた風に乗って――実は乗り遅れて艀船で追いかけることになったのだが――，西へ向かった (イブン・ジュバイル 2016 Ⅲ：252-254)。

　こうした自然条件に支配される地中海をさまざまな船が行き交っていたが，イブン・ジュバイルが往路と復路において乗り込んだ船はどれもジェノヴァ人

のものであった（第4章参照）。より詳しく見てみると，復路に乗船したジェノ
ヴァ船はイェルサレム巡礼から帰るキリスト教徒を含む2,000人が同乗する，
主帆と複数の副帆を備えたガレオン船の一種で，推進力となる櫂はあまり設置
されていなかった（イブン・ジュバイル 2016 I : 59-60 note. 39, III: 236）。船上で
はキリスト教徒とムスリムの居場所は分けられていたものの，キリスト教徒と
ムスリムが地中海のなかで共存している様を見てとることができる。

　ここでいうジェノヴァ人とは，イタリアの港町ジェノヴァに拠点を置いた商
人のことである。ジェノヴァ商人やヴェネツィア商人をはじめとしたイタリア
商人は，特に11世紀以降，いわゆる東方貿易で活躍するようになった。その契
機として，ジェノヴァやヴェネツィアが十字軍を東方へ送り出す拠点となった
こと，コンスタンティノープルの支配に積極的に関わるなどしたことがあげら
れる。彼らは船を大型化し，船舶保有数を急激に拡大した（アブー・ルゴド
2005 I : 137, 141-144；家島 2006：147）。イタリア商人は東地中海沿岸部におい
て東方の商品を入手し，地中海周縁部へ輸送していたが，ファーティマ朝の成
立以降，アレクサンドリアが重要な貿易拠点となると，アレクサンドリアに来
航するようになった（堀井 2006：245-246）。当時発展しつつあったヨーロッパ
内陸部，特に東・中央フランスやフランドルと接続し，これらの都市の需要を
満たす東方との仲介人としての役割を担うことで，イタリア商人による地中海
や黒海における商業活動はますますの進展を見せた（アブー・ルゴド 2005 I :
44）。ジェノヴァ商人とヴェネツィア商人は互いに競い合っており，活動範囲
にも取り扱う商品にも重なるところがあったが，1380年のキオッジャの戦いに
よってジェノヴァをヴェネツィアが打ち破ると，東地中海における東方貿易で
はヴェネツィア商人が優勢となった（アブー・ルゴド 2005 I : 153-154）。もっ
とも，エジプト・マムルーク朝へ黒海沿岸から奴隷を供給する奴隷貿易におい
ては，ジェノヴァ商人が活躍し続けた（アブー・ルゴド 2006 II : 3-6）。イブ
ン・ジュバイルがメッカ巡礼に旅立った頃は，まさにこうしたイタリア商人が
地中海を東西にかけまわっている時代であった。

　このようなイタリア商人の活躍は，後代に書かれたアラビア語旅行記にも見

られる。マグリブ出身のイブン・バットゥータ（1304年生-1368/9年没）は，シリア沿岸部のラタキアからキリスト教徒とともにジェノヴァ船に乗ってアラーヤーへ至った（イブン・バットゥータ 1996-2002Ⅲ：264-266）。なおマグリブへ帰還する際には，チュニスからカタルーニャ人の船に乗ってサルデーニャ島に至っている（イブン・バットゥータ 1996-2002Ⅶ：197）。また，1462年から1467年にかけて西地中海を旅したアブド・アル・バースィト（1440年生-1514/5年没）の記録のなかでは，ヴェネツィア船やジェノヴァ船が地中海を往来していた様子が描かれている（菊池 2009）。これらの船が，各種の商品に加えて，アンダルスやマグリブの巡礼者や学者，旅人，ユダヤ商人などを載せて，地中海を往来したのであった（家島 2006：99）。

　一方で地中海はまた，ユダヤ商人の海でもあったことを忘れてはならない。イブン・フルダーズビフ（820年頃生-912年没）は，9世紀以前に活躍したラーザニーヤと呼ばれるユダヤ商人について，詳しい記録を残している（湯川 1984；家島 2006：309-310）。それによると，ラーザニーヤはヘブライ語だけではなくアラビア語やスラヴ語など複数の言語を操り，西方から去勢者や女奴隷，少年奴隷，織物，ビーバーなどの毛皮，刀剣を輸送した。そしてエジプトで陸揚げすると，紅海のクルズムまでラクダでこれらの荷を運び，インドや中国にまで赴いていたという。

　その後の時代においても，エジプトのフスタートやアレクサンドリアに拠点を置いたユダヤ商人は，家族的経営にもとづき，それぞれの得意商品を地中海周縁部で購入・売買していた（アブー・ルゴド 2006Ⅱ：28-29; Goitein 1967-1993 Ⅰ; Goldberg 2015: 247-295）。彼らのなかには，エジプト内部での取り引きに専従する者がいる一方で，北アフリカのカイラワーンやシチリア島のパレルモ，東地中海のラムラやティルスとの間を往来し，エジプトで生産された亜麻を輸出したり織物類を輸入したりした者がいたほか，さらに織物工場を経営する者も見られた。宝石や麝香（香料の一種），メース（香辛料の一種），イラン産の希少な織物など，保存がきく商品については，各地の倉庫に貯蔵しておき，数年をかけて納得できる価格で売り出せる日を待った。彼らの交易圏は地中海だけ

にとどまらず，紅海やインド洋西海域にまで及んでいた。なお，エジプトを拠点としたユダヤ商人が自分たちの船を建造した形跡は見られず，商品を輸送する際には船の一部を商品の重量に応じて借りるという方法をとっていた（Goldberg 2015: 107）。

紅海へ

　イブン・ジュバイルは，こうした地中海の風や商人の活躍という前提のもと，セウタを出港してから1カ月後，海難に遭いつつも前方にアレクサンドリアの大灯台を臨んだ（イブン・ジュバイル 2016 I：50）。アレクサンドロス大王（在位紀元前336-323年）によって紀元前331年に建設されたアレクサンドリアは，ファーティマ朝期以降，アイユーブ朝，マムルーク朝時代を通じて，東地中海における交易の拠点として，また十字軍勢力に対する防衛拠点として，繁栄するに至った（堀井 2006：245）。イブン・ジュバイルが来訪した時は，アイユーブ朝の君主サラディン（サラーフ・アッディーン）の治世期（在位1169-1193年）に相当する。

　当時のアレクサンドリアは，地中海への窓口であると同時に，西方と東方をつなぐ商業・巡礼ルートの中継地であった（堀井 2006：255-262）。イベリア半島でレコンキスタが進展したこともあいまって，アンダルスやマグリブの出身者がアレクサンドリアへ大量に到来し，宗教活動やスンナ派の施設の建設に貢献を果たすようになった。また特に12世紀以降になると，イタリアやカタルーニャの商人が居留民社会を形成し，専用の商館をスルタンから割り当てられるようになる。彼らは行政の管理下にありつつも，ある程度の治外法権を有した。マムルーク朝スルタン・バルスバイ（在位1422年-1437年）による香辛料の専売制の施行の際には胡椒の強制購入を課されたが，無条件に従うのではなく，取り引きを拒否したり交渉したりするなどして，自分たちの利益を最大化しようと努めた。

　イスラーム勢力がエジプトやシリアを統べたこともあって，イタリア商人が紅海やインド洋へ直接乗り出すことはほとんどなく，もっぱらこのアレクサン

ドリアや東地中海の諸港で胡椒を買い上げるにとどまっていたと見られている。特に13世紀半ば以降になると，彼らは本拠地にとどまり，各地にもうけた代理人や支店とのやり取りを通じて取り引きする，定着型商業をおこなうようになった（齊藤 2002：144-145）。その意味で，アレクサンドリアは地中海の商人の活動の南限であり，西からやってきた商品と東からやってきた商品が落ち合う境界であり，イタリア商人やユダヤ商人，ムスリム商人が混ざり合う商人のるつぼであった。

　アレクサンドリアから紅海へ出るためには，スエズ湾を経由するルートも知られていたが，十字軍との戦闘によって政情が不安定になると，12世紀前半から13世紀末に至る200年間にはナイル川を南下し，キフトやクースで上陸後，東部砂漠（アイザーブ砂漠）を横断してクサイルやアイザーブへ至るルートが使われていた（家島 2006：170-171）。イブン・ジュバイルもまた，このナイル川をのぼるルートを選択している。

　アレクサンドリアを発ったイブン・ジュバイルは，南東に位置するフスタートに滞在し，イスラームの預言者ムハンマド（575年頃生-632年没）に連なる人びとや聖者の墓，公共の病院，モスク，ギザのピラミッド，「石で造られた1つの奇妙な形のもの」，すなわちスフィンクスなどの名所をめぐって記録に残した（イブン・ジュバイル 2016 I：77-104）。こうしてカイロとフスタートを満喫したイブン・ジュバイルは，1183年5月1日，上エジプトのクースを目指してナイル川を船で遡りはじめた。一般にヴィクトリア湖に端を発するといわれるナイル川は，南から北へ向かって流れ，ナイル・デルタを経て地中海に注ぐ。エジプト古王国時代よりナイル川は重要な交通路であって，特に冬季に優勢となる北風を用いればナイル川を南下することもできた。

　イブン・ジュバイルは地中海においても紅海においても遭難の危機にさらされたが，ナイル川の遡行は安全なものだったようで，危険な様子は記録されていない。18日間の南下の末，5月19日にクースに到着した。

　このまちは見事ないくつもの市場，多数の公共施設，巡礼者たちやイエメ

ン人たちとインド人たちの商人仲間そしてエチオピアの土地の商人たちの出
入りが多い。(中略) マグリブ出身の巡礼者たち，ミスル (カイロやフスター
トのこと) の人たちとアレクサンドリアの人たちおよび彼らと隣接する地域
の人たちの出会いの場所である。(イブン・ジュバイル 2016 I：153。一部修正
を加えた)

　この記録からは，往時のクースが，ナイル川や紅海を経てやって来る，マグリ
ブやアレクサンドリア，ミスル，エチオピア，イエメン，インドの商人たちで
混雑する国際的な大都市であったことを読み取ることができる。クースは，上
エジプトの中心都市であって，周辺で生産された砂糖きびを圧搾する工場や，
亜麻から織物を製造する工場を有した。さらには，ガゼルや豹などの皮革類や
象牙といった品々が南方のベジャやエチオピアから集められ，加工されていた
(栗山 2016；家島 1980：46-49)。
　クースから紅海岸のアイザーブへ赴くには，東部砂漠を東へ横断しなければ
ならなかった (家島 1980：41-61；2006：169-207)。このルートはエジプト古王
国時代から使われている古いもので，特に11世紀半ばから13世紀半ばにかけて
の200年間にもっとも隆盛したといわれている。イブン・ジュバイルの記録に
は，その行程の過酷さを示すように，水場への言及が散見する。1297年に同じ
ルートを旅したトゥジービー (1271/2年頃生-没年不明) は，27の宿駅を経由し
て33日目にアイザーブに至ったが，イブン・ジュバイルの旅以上に水を得るこ
とが難しく，一行が激しい渇きと恐怖のなかで混乱に陥った旨が記録されてい
る。
　道中ですれちがうキャラバン隊の多さに気づいたイブン・ジュバイルは，以
下のようにその驚きを記述している。

　　われわれはこの街道で往来するキャラバン隊を数えようとしたが，とても
　数えきれなかった。とくに，イエメン，さらにイエメンからアイザーブへと
　到着したインドの物資を輸送するアイザーブ・キャラバン隊については，な

おさらのことであった。われわれが実際に見たそうしたなかでも，とりわけ数が多かったのは胡椒の積荷であり，その数のあまりの多さに，それがまるで泥土に等しい値打ちにしか見えなかったほどである。（イブン・ジュバイル 2016Ⅰ：171。一部修正を加えた）

これは明らかに，インド西海岸からインド洋をわたり，イエメンのアデンを経由して紅海を北上してきた商品を運ぶ一行を描いたものである。この後これらの胡椒は，ナイル川を下ってアレクサンドリアへ至り，イタリア商人の手によって地中海北部へ輸送されることになる。胡椒が「泥土に等しい値打ちにしか見えな」いほどに，実に多くのインド洋の産物が東部砂漠を通過していたのである。

　1183年6月25日，クースを発って19日目に，イブン・ジュバイルはついに紅海を臨むアイザーブへ到達した（家島 2006：192-193, 361-391）。

　他ならぬそこは，巡礼者たちの船が出入りすることに加えて，インドとイエメンの船舶が入港したり，また出帆したりするため，世界の数ある停泊港のなかで，最も賑わっている港の1つである。そこは植物が生えず，しかも街には他から輸入されたものを除いて，何1つとして食べるものはない砂漠中にある。（イブン・ジュバイル 2016Ⅰ：185。一部修正を加えた）

また1297年5月31日にアイザーブに到着したトゥジービーは，以下のように記録している。

　そこは砂漠中にあり，どの方向とも居住区と隣接していないが，ただそこは風を遮るのに最もすばらしい良港であるために，船の出入りが頻繁にあり，船の仲間たちはアデンやその他からインド産商品をもって，この港を目指してやってくる。（家島 2006：193。一部修正を加えた）

両者の記録の間には100年の隔たりがあるが，アイザーブがきわめてすぐれた港であること，紅海を北上してくる商人が訪れる港であり続けたことが，うかがい知れる。イブン・ジュバイルが道中で見たキャラバン隊が運んでいた胡椒も，このアイザーブで陸揚げされたものと考えられる。

このルートは，同時に，地中海とアフリカを接続するものでもあった（Li 2004；家島 2006：176-177）。ナイル川上流域に居住する人びとは，ナイル川を北上して東部砂漠へ至り，サワーキンなどの諸港からメッカ巡礼へ向かった。クースとアイザーブとアスワーンは相互に連結し，ヌビアやエチオピア，エジプト，そして紅海を接続する基軸として，古くから用いられ，ここを通過した犀の角や象牙などのアフリカの産物が，ナイル川を下って地中海へ至っていたのである。

他にも，アイザーブ北方のクサイルもまた紅海への玄関口として知られ，クースとクサイルをつなぐルートも頻繁に用いられた（Li 2004: 58-69; Regourd 2019）。例えば13世紀前半にクサイル港の監督や市場監督などを務めたアブー・ムファッリジュ家は，クサイルに定住し，長距離交易に従事したことで知られる。この一族はエジプトやメッカ，イエメン，ヌビア，エチオピアに代理人を置いて，穀物や食料品，亜麻織物，航海用品，家畜，奴隷を取り扱っていた。紅海をはさんで対岸に位置するメッカとのつながりが特に強く，エジプトで生産される小麦や大麦，小麦粉，米などを農業生産性に乏しいメッカへ輸送していた。インド洋から至る香辛料類は，アイザーブに加えてこのクサイルも経由して，地中海へ至っていたと見られる。

以上，イブン・ジュバイルの旅行記に主として依拠しつつ，中世の地中海と紅海をつなぐルートの確認を行った。イブン・ジュバイルの旅はアイザーブを発った後にも続き，紅海で遭難したり，地中海で再度遭難したりするが，2年後に無事にグラナダに帰還する。100年以上後に同じく西方よりエジプトへ至ったイブン・バットゥータもまた，その長い旅の一部においてイブン・ジュバイルとほとんど同様の旅程で紅海へ至っており（イブン・バットゥータ 1996-2002 I：82-119），中世においてこのルートが地中海と紅海を接続する主要路で

あったことを示している。

　もっとも14世紀以降になると，アイザーブもクサイルも衰退していく（栗山
2016：445-446；家島 2006：367）。マムルーク朝スルタン・バイバルス１世（在
位1260-1277年）が，エジプトからメッカへ向かう公式巡礼キャラバン隊のルー
トを，アイザーブを経由して紅海をわたるルートからシナイ半島を経由してア
ラビア半島西岸を陸路で南下するルートへ変更した。さらに遊牧民による略奪
行為が頻発するなどしてクース・アイザーブ道の安全が確保されなくなると同
時に，シナイ半島西岸のトゥールが隆盛してさまざまな商人や商品がそちらへ
向かいはじめた。こうして15世紀初頭までにはアイザーブやクサイルへ至る商
人が減少し，このルートはあまり使われなくなった。

3　地中海と紅海をわたる商品

地中海を行き交う商品

　中世の地中海商業といえば，イタリア商人が東方の胡椒をはじめとした香辛
料をシリアやエジプトの沿岸部で入手し，西方のヨーロッパの諸都市へガレー
船によって供給していた，といった状況が一般に想像される（清水 1989：40）。
西方から運ばれてくる商品としては，毛織物や銀がよく知られている。東方と
西方の間で取り引きされたこうした商品像に大きな誤りはないと思われるが，
実際には取り扱う商品の種類が時代によって異なっていたことに留意する必要
がある（清水 1989：80-82）。

　10世紀から12世紀にかけて，地中海北部のヨーロッパ側は，香料・香辛料類，
精巧な手工業製品，毛織物をエジプトやチュニジアから輸入し，木材や鉄，銅，
鉛，銀といった原材料や，塩や魚，武器や鎧，そして奴隷を輸出していた
（Ashtor 1976: 196-198; Goitein 1967-1993 I: 102, 153-154；アブー・ルゴド 2005 I：
131）。すなわち概して，ヨーロッパが供給する原材料をもとに，イスラーム世
界が加工を行い，再輸出していたのである。もっともすでにこの頃には，シチ
リア島からは絹や絹織物が，アンダルスからは絹が，チュニジアからは絹やオ

リーブオイル，石鹸が，それ
ぞれエジプトに至っていた。

　しかし13世紀頃から両地域
における工業力が逆転する
（アブー・ルゴド 2005-2006 Ⅰ-
Ⅱ；清水 1989：80-82；齊藤
2002：203-205）。アレクサン
ドリアやシリアが胡椒やショ
ウガ，シナモン，丁子などの
香料・香辛料類を輸出してい
たことに変わりはないが，羊
毛や木綿といった原材料をも
西方に送り出すようになった。
その背景としては，三圃制の
導入などによってヨーロッパ

図6-2　紅海とアデン
出典：筆者作成。

内陸部における農業生産性が向上したこと，余剰の生産物を貨幣を媒介として
交換する貨幣経済が浸透したこと，北海・バルト海からフランドルやシャンパ
ーニュにかけての一帯でハンザ同盟を中心とした経済発展が生じたことがあげ
られる。イタリア商人は，これらの商品の仲介人としての地位を有し続けた。
さらにイタリア北部や中部の都市は，人口の増加に伴って，地中海周縁部や黒
海周縁部からより日常的な小麦などの食料を輸入するようになった。すでにエ
ジプトでは，織物製造地であるダミエッタが1250年に十字軍の攻撃によって荒
廃したことや，14世紀中頃の世界的なペストの流行によって人口が激減したこ
ともあって，織物産業が打撃を受けていた（栗山 2016）。さらに14世紀末から
は，フランドルなどで生産された大量の毛織物がフィレンツェをはじめとした
都市からエジプトやシリアへ輸出されはじめる。加えて，15世紀までには，ガ
ラス器や金属製品，紙，ビロード，銅，水銀がアレクサンドリアへ，そして織
物やガラス器，ドイツ産の錫がシリアへ，それぞれ輸送されるようになった。

このように中世の間においても，取り扱われていた商品には地中海周縁部で生じた経済や環境の変動に伴う変化が生じていた。

　なお，アレクサンドリアを経て地中海へ運び込まれたと思しき商品には，他にも，イランや中国からやってくる生糸・絹織物や，ペルシア湾の真珠，サハラ以南からやってくる金などがあった（齊藤 2002：203）。こうした商品は地中海の北部だけではなく，香料・香辛料類やエジプトの亜麻と一緒に，北アフリカへも至った（Ashtor 1976: 198-200；Goldberg 2015）。地中海には，北アフリカの東西を結びつける機能も備わっていたのである。

　東方の商品を紅海を通ってアレクサンドリアへ運び込んでいた商人としては，「胡椒と香料の商人」あるいは「胡椒と砂糖の商人」とも呼ばれるカーリミー商人が著名である（佐藤 2008：109-127；家島 2006：422-451）。カーリミー商人とは，11世紀から15世紀にかけて，前述のアレクサンドリア〜カイロ・フスタート〜ナイル川〜クース〜アイザーブ〜紅海〜アデン〜インド西岸のルートを中心に，商業活動に従事した商人の集団を指す。副次的にペルシア湾交易にも従事したものの，その主な拠点はエジプトにあった。彼らの出身地は，エジプトやシリア，イエメン，イラク，イランと多岐に及んだ。大半がムスリム商人と見られるが，キリスト教徒商人やユダヤ商人も参加していた。カーリミー商人は，インド西岸で買い付けた胡椒や，アデンなどで購入した東アフリカ産の象牙などを，アレクサンドリアやダマスクス，アレッポにまで輸送した。サワーキンやアイザーブ，クース，アレクサンドリア，カイロなどに宿泊と倉庫をかねた施設を所有しており，これらを結ぶネットワークを利用して交易に従事した。なかには，東南アジアのマラッカや中国の広州や泉州へ赴き，香辛料や絹織物，中国磁器を直接入手して帰還する者もいた。

　カーリミー商人は，東方の商品をエジプトや地中海にもたらすばかりではなく，エジプトやシリアで生産された商品を地中海へ売り渡す役割をも担った（佐藤 2008：89）。小麦や大麦などの穀物，亜麻，そして砂糖は，エジプトで生産される貴重な商品であった。13-14世紀にはエジプトにおけるサトウキビの生産と砂糖を精製する技術は非常に発達し，地中海周縁部へも積極的に輸出さ

れるようになった（アブー・ルゴド 2006 II：29-32）。

　ユダヤ商人もまたエジプトの諸都市に拠点を持ち，諸商品の交易に携わった。例えばアイザーブは，カーリミー商人に加えてユダヤ商人が来航する港であって，商品の買い付けや受け渡し，市場の動向などの情報交換が行われていた（湯川 1984）。カイロやアレクサンドリアに拠点を持つユダヤ商人は，シチリア島やチュニジアのカイラワーン，アレッポ，ティルス，ダマスクスとつながって，商売に従事していた（Goldberg 2015: 247-295）

アデン港にわたった商品

　中世において，紅海を往来した商品の多くが，アラビア半島南西部に位置するアデンを経由したものと見られている。アデンは紅海とインド洋の結節点として機能しており，12世紀の段階では毎年70から80艘の船が紅海やインド洋を越えて来航する港であった（栗山 2012：4-5）。以下では，中世のアデンで作成されたアデン港課税品目録を手がかりに，地中海から紅海を経てアデンへ至った商品や，インド洋からアデンを経由して紅海そして地中海へ至った商品について，詳しく見てみよう。

　アデン港課税品目録とは，アデン港税関で取り扱われた商品の一覧であって，課税対象や課税・徴税方法，税の種類，税額などの諸情報をきわめて具体的に含んでいる（栗山 2012：24-25）。アデンを支配した諸王朝は，多くの船と商品が来航するアデンにおいて厳密な課税を行い，莫大な関税収入を得ていた。これまでのところ，大別して 3 種類のアデン港課税品目録が知られているが，以下ではラスール朝下において13世紀末以降に編纂されたと見られる行政文書集『知識の光』に含まれる目録を取り上げる。この目録に書かれている内容は，12世紀後半から13世紀後半にかけてのアデンにおける状況を反映したものといわれている。アデン港課税品目録には，一部を除いては，商品の輸出先に関する情報は記載されておらず，他史料との比較にもとづいて，それらの商品がどこへ運ばれたかを推測することになる。また，エジプトを経由せずに，東地中海〜バグダード〜メッカ〜紅海〜アデンのルートや，東地中海〜バグダード〜

キーシュ～アデンのルートを通って，これらの商品が地中海・アデン間を往来していた可能性も残されている（Yokkaichi 2019）。

　インドや東アフリカからアデンへ至り，地中海方面へ運ばれたと見られる商品については，これまでに見てきたような胡椒やシナモンをはじめとした香料・香辛料類や東アフリカの象牙に加えて，南アラビア産の香料である乳香や没薬，エチオピアやザンジュから積み出される男女の奴隷，東アフリカの金や亀の甲羅，イランの絹織物，中国からやってくる磁器を，目録のなかに確認できる（栗山 2012：58-59，85-104，115）。これらの多くがエジプトに至って消費された他，アレクサンドリアでイタリア商人に売却されたと考えられる。このうち中国磁器については，この時代にどれほどヨーロッパに流入していたかという点については定かではないが，竜泉窯や越州窯で生産されたと見られる深皿や四脚壺，茶碗などが泉州から積み出されて西方へ運ばれていた。

　また，「エジプト地方やカーリミー商人のもとへ運ばれる商品に課される税」と題された記事には，アデンからエジプトへ向けてカーリミー商人が輸出した商品が記されている（佐藤 2008：116；家島 2006：434-435）。それによると，やはり胡椒やショウガ，丁字といった香料・香辛料類，染料類，米やゴマ，小麦の食材類があった。これらはいずれもインド洋周縁部で生産されたものであり，エジプトへ運ばれた後，アレクサンドリアなどを経由して地中海にもたらされたものと考えられる。

　それでは逆に，地中海方面からアデンへ至った商品としては何があったのだろうか。目録においては，地中海周縁部の地名として，ヴェネツィアとシチリア，アンティオキア，マグリブ，アレクサンドリア，ダミエッタ，ダビークの地名が見られる（栗山 2012：32，59-60，111-113，117；栗山 2016）。ヴェネツィアからは高級衣服や標準衣服，一般衣服が，シチリア島からはターバンが，アンティオキアからは標準衣服や一般衣服，小判ハンカチが，マグリブからは化粧品として用いられるクフルが，アレクサンドリアからは腰布が，ダミエッタからは金刺繍入亜麻布や漂白亜麻布，無漂白亜麻布が，ダビークからは金刺繍入亜麻布が，それぞれ積み出されていた。

　ここで着目すべきは，地中海周縁部からもたらされたと見られる商品はもっぱら織物であった点である。当時のエジプトを含めた地中海周縁部においては織物産業が盛んになっており，絹織物や亜麻織物，綿布，毛織物，それらの原材料などが地中海を行き交っていた（アブー・ルゴド 2006 II：32-35；栗山 2012：26-37）。実際，エジプトからアデンへやって来た商品の品目数を見ると，ある目録においては全体の7割を織物類が占めている。そのなかでは，すでに見たような地中海周縁部の産物に加えて，イラクやイラン，シリアの織物が含まれており，エジプトを経由してアデンに至っていた。主としてムスリムの男性が着ていたと見られる腰布は，インド洋西海域において流通した商品であって，エジプトからアデンを経由してインド西部へ運ばれたり，エジプトのユダヤ教徒の女性がアレンジして着こなしたりしていた（Regourd 2019）。

　以上，地中海周縁部の地名が付された商品を概観したが，これらの商品が必ずしもその地名の都市で生産されたわけではない点に注意が必要である。これらの地名は，生産地や集散地，積出地，経由地などを示す可能性があるものにすぎない。例えばヴェネツィアの衣服は，実際にはヴェネツィアで生産されたというわけではなく，むしろ北部のフランドルなどで生産された織物であった可能性が高いだろう。さらに時代を下れば，14世紀後半の状況を記録した別の目録にジェノヴァの織物への言及も見られるが（栗山 2016：445），これもまたヨーロッパ内陸部からもたらされたものであった。これらは，既述した13・14世紀における地中海商業の変動を如実に反映している。

　一方で，地名情報がないものの，周辺史料との比較の結果，地中海からもたらされたと見られる商品が目録のなかには複数存在する。例えば珊瑚は，地中海の特産品として古来知られていた（家島 2006：484-505）。地中海原産のベニサンゴは，おそらくは内陸部のシルクロードを経由して遅くとも8世紀には日本にも至っていたと見られる。この時代の世界において，宝飾品として使用された珊瑚のほとんどが地中海で採れるベニサンゴであったといわれており，正倉院に所蔵されている珊瑚のビーズと珊瑚の原木もまた地中海からやって来たものと目されている（鈴木 2002）。珊瑚は特に，北アフリカのアルジェリアや

チュニジア，サルデーニャ島，シチリア島，セウタで採集され，東方へ輸送されていた。それらはエジプトを拠点としたユダヤ商人の取り扱い商品の1つであって，紅海へも輸送されたと見られる（Goitein 1973: 247-248.）。さらには，前述したクサイルのアブー・ムファッリジュ家もまた，紅海において珊瑚を取り扱っていた（Li 2004: 40；Regourd 2019: 482-484）。他にも，薬などとして用いられたと考えられる水銀も，目録には記載されている。当時は，アンダルスのコルドバ北方やバスターサが水銀の産地として知られており（栗山 2012：32），これらの地域から地中海をわたって紅海を通過し，アデンへ至っていた可能性が想定される。

　さらに，「インド向けに積み出されるカーリミー商人の商品に課される税」と題された記事に目を通してみよう（栗山 2012：37-38；佐藤 2008：115-116；家島 2006：434）。この記事は，カーリミー商人がアデン港からインドへ向けて運び出す商品の一覧と見られており，結果として，西方や南方からアデンへ至った商品を示すことになっている。そこでは，銅や鉛などの鉱物や，動物の皮革，象牙，没薬やクミンなどの香料・香辛料類，ナツメヤシの実やタマリンド，ナツメヤシ酒など果実に由来する商品，木綿や亜麻，生糸，染料である茜と，実に多岐に及ぶ商品が列挙されている。地名情報が書かれていないためこれらの商品の生産地や積出地はわからないものの，他の情報と比較すれば，銅や木綿が地中海周縁部からもたらされ，アデンを経由してインドへ向かっていた可能性がある。

　13世紀前半にイエメンを訪れたイラン系のイブン・アルムジャーウィル（13世紀没）は，12世紀後半にエジプトからアデンへ運ばれたものとして，小麦や小麦粉，砂糖，米，ラッカ石鹸，オカヒジキ，シロップ，オリーブオイル，亜麻油，塩漬けオリーブ，乾燥果実，ナツメヤシ蜜をあげている（Smith 2008: 159）。このうちのほとんどがエジプトで生産されたもののように思われるが，オリーブオイルについては地中海を越えてエジプトにもたらされた商品の可能性もあるだろう。ここでは，地中海周縁部で生産された織物類が記載されておらず，織物産業が隆盛する前夜の状況が反映されているように見受けられる。

4　15世紀以降の地中海と紅海

　中世において，地中海と紅海はエジプトによって接続していたと同時にエジプトで重なっていた。エジプトは，紅海からもたらされた商品を地中海へ，地中海からもたらされた商品を紅海へ送り出すとともに，エジプトやその周辺地域で生産されたものを集荷し，地中海と紅海の双方へ輸出する機能を有した。

　1453年，オスマン帝国によってコンスタンティノープルが陥落し，東地中海ではオスマン帝国が幅を利かせるようになった（第5章参照）。依然としてヴェネツィア商人はオスマン帝国と強いつながりを持ち続けたが，ジェノヴァ商人はポルトガルに働きかけ，いわゆる大航海時代を演出することとなった。ヴァスコ・ダ・ガマ（1460年頃生-1524年没）が喜望峰を回ってインド西部に到達するのは1489年，ジェノヴァ出身のコロンブス（1451年頃生-1506年没）がアメリカ大陸を「発見」するのは1492年のことである。

　しかし，このことをもって，地中海と紅海のつながりが衰退したということはできない。その質や量に何らかの変化があったとしても，依然として紅海は地中海へ東方の産物を輸送する場であり続けたし，イエメンの紅海沿岸部に位置するモカから積み出されるコーヒーは紅海を北上してオスマン帝国の首都やヨーロッパへ運ばれていた（コラム⑤参照）。

　大航海時代の到来が，紅海やインド洋におけるそれまでの流通ネットワークに影響を与えたことは広く知られている。しかし，それらは既存の交流を破壊するものではなく，あくまでも変化をもたらすものであった。実際，16世紀のインド西海岸のカンバーヤで行われていたカイロとの取り引きについて，ポルトガル人のトメ・ピレス（1465年生-1540年頃没）は以下の記録を残している。

　　カイロの人びとは，ヴェネツィアのガレー船が運んで来る商品を携えて来る。それらは多くの武器，臙脂色（えんじ）の織物，各色の毛織物，珊瑚，銅，水銀，辰砂（しんしゃ）（鉱物の一種），釘，銀，数珠玉，水晶玉，金メッキされたガラス器で

ある。(トメ・ピレス　1966：457。一部修正を加えた)

ここで見られる商品は，本章で見てきた中世の地中海商業で取り扱われたものとほとんど変わらない。ポルトガルがインド洋に進出した後もなお，地中海からもたらされる商品をエジプトの商人が引き継ぎ，紅海を南下してインド亜大陸へ輸送するという構図が，ここに描かれている。

　19世紀にスエズ運河が開通すると，地中海と紅海はナイル川や東部砂漠を介することなく直接接続されるようになった。このことは，喜望峰を回るルートがあってもなお，インド洋へつながる最短ルートを地中海が求めたこと，地中海と紅海がともにあり続けることを，表しているように思えるのである。

参考文献

アブー・ルゴド，J. L., 佐藤次高他訳『ヨーロッパ覇権以前──もうひとつの世界システム』全2巻，岩波書店，2005-2006年（初版2001年，原著1991年）。

イブン・ジュバイル，家島彦一訳注『メッカ巡礼記：旅の出会いに関する情報の備忘録』全3巻，平凡社，2016年。

イブン・バットゥータ，家島彦一訳注『大旅行記』全8巻，平凡社，1996-2002年。

菊池忠純「15世紀後半西地中海の都市社会──アブド・アル=バースィトの旅」『四天王寺大学紀要』48，2009年，1-18頁。

栗山保之『海と共にある歴史──イエメン海上交流史の研究』中央大学出版部，2012年。

───「13〜15世紀の紅海貿易にみるエジプト製織物とその流通」『高橋継男教授古希記念東洋大学東洋史論集』東洋大学，2016年，429-451頁。

齊藤寛海『中世後期イタリアの商業と都市』知泉書館，2002年。

佐藤次高『砂糖のイスラーム生活史』岩波書店，2008年。

清水廣一郎『中世イタリアの都市と商人』洋泉社，1989年。

鈴木克美「正倉院珊瑚調査報告書──正倉院の珊瑚について」『正倉院紀要』24，2002，31-39頁。

トメ・ピレス，生田滋他訳注『東方諸国記（大航海時代叢書5）』岩波書店，1966年。

堀井優「中世アレクサンドリアの空間構成」歴史学研究会編『港町のトポグラフィ（港町の世界史2）』青木書店，2006年，245-270頁。

家島彦一「マムルーク朝の対外貿易政策の諸相──セイロン王 Bhuvanaikabāhu I とマムルーク朝スルタン al-Manṣūr との通商関係をめぐって」『アジア・アフリカ言

語文化研究』20，1980年，1-105頁。

────『海域から見た歴史──インド洋と地中海を結ぶ交流史』名古屋大学出版会，2006年。

────『イブン・ジュバイルとイブン・バットゥータ──イスラーム世界の交通と旅』山川出版社，2013年。

湯川武「ユダヤ商人と海──ゲニザ文書から」家島彦一・渡辺金一編『海上民（イスラム世界の人びと4）』東洋経済新報社，1984年，107-136頁。

Ashtor, E. *A Social and Economic History of the Near East in the Middle Ages*, Berkeley: University of California Press, 1976.

────. *Levant Trade in the Later Middle Ages*, Princeton: Princeton University Press, 1983.

Goitein, S. D., *A Mediterranean Society: The Jewish Communities of the Arab World as Portrayed in the Documents of the Cairo Geniza*, Berkeley: University of California Press, 6 vols., 1967-1993.

────, *Letters of Medieval Jewish Trader*s, Princeton: Princeton University Press, 1973.

Goldberg, J. L. *Trade and Institutions in the Medieval Mediterranean: The Geniza Merchants and their Business World*, Cambridge: Cambridge University Press, 2015 (2012).

Li, G., *Commerce, Culture and Community in a Red Sea Port in the Thirteenth Century: The Arabic Documents from Quseir*, Leiden & Boston: Brill, 2004.

Library of Congress, "Weltkarte des Idrisi vom Jahr 1154 n. Ch., Charta Rogeriana" (https://www.loc.gov/resource/g3200.ct001903/)（最終閲覧日2020年11月2日）.

Margariti, R. E., *Aden and the Indian Ocean Trade: 150 Years in the Life of a Medieval Arabian Port*, Chapel Hill: The University of North Carolina Press, 2007.

Regourd, A., "Late Ayyubid and Mamluk Quṣayr al-Qadīm: What the Primary Sources tell us", in: R. Amitai & S. Conermann (eds.), *The Mamluk Sultanate from the Perspective of Regional and World History*, Bonn: Bonn University Press, 2019, pp. 479-500.

Smith, G. R., *A Traveller in Thirteenth-Century Arabia: Ibn al-Mujāwir's Tārīkh al-Mustabṣir*, London: Ashgate Publishing, 2008.

Yokkaichi, Y., "The Maritime and Continental Networks of Kīsh Merchants under Mongol Rule: The Role of the Indian Ocean, Fārs and Iraq", *Journal of the Economic and Social History of the Orient* 62 (2019), pp. 428-463.

─── コラム⑥　イドリースィーの世界地図 ───

　シチリア島は，中世の地中海において，ギリシア・東方正教文化とラテン・カトリック教文化，アラブ・イスラーム文化が併存する場であった。1130年にルッジェーロ2世（在位1130年-1154年）によってシチリア王国が成立する頃には，東方の先進的な技術や知識，アラビア語で書かれた書物が流入し，後のルネサンスにつながる文化が花開いていた（第4章参照）。

　ノルマン人のルッジェーロ2世は，宮廷にアラブ人やギリシア人の知識人を招き，哲学や医学，数学といったさまざまな学問についての議論を好んでおこなううちに，自分たちが住んでいる世界がどのようになっているのかという点に思いを馳せるようになった。プトレマイオス（100年頃生-168年頃没）の世界地図以外に網羅的な地図が存在しないことに不満を覚えたルッジェーロ2世は，1000年ぶりに世界地図を更新することを望んだ。そこで白羽の矢が立ったのが，イドリースィー（1100年頃生-1165年頃没）である。

　イドリースィーは，1100年頃，モロッコのセウタで生まれた。その後イベリア半島にわたり，コルドバで教育を受けた後，アナトリアやフランス，ブリテン島，北アフリカなどを旅し，見聞を広めた。そして1138年，イドリースィーの学識の高さを耳にしたルッジェーロ2世によって，プトレマイオスの地図を凌駕するような世界地図の作成を命じられることとなった。

　シチリア王国の首都パレルモに移ったイドリースィーは，既存の文献に書かれている情報をまとめるだけでなく，実際にさまざまな地域を踏破して，当時の最新の情報を入れ込んだ地図を作製することを目指した。そのための資金と時間，そして仲間たちは，ルッジェーロ2世より十分に与えられていた。プロジェクト開始から15年後の1154年，イドリースィーたちは地図と地理書を完成させた。それは，ルッジェーロ2世が亡くなる2カ月前のことであった。

　イドリースィーの世界地図は，直径約2メートル，重さ約150キロの銀盤の上に描かれていたと言われている。そして地図の解説書として，『世界各地を深く知ることを望む者の慰みの書』が執筆された。この地理書は，ルッジェーロ2世に献上されたものであるため，『ルッジェーロの書』とも呼ばれる。そのなかでは，各地の文化や地理，まち同士の距離などの情報が詳しく説明されている。

　残念なことに，この銀盤の地図はシチリア王国の争乱のなかで消失してしまった。しかし，上述の地理書の写本のなかに，銀盤の地図の複写と見られるものが含まれている。プトレマイオス以来の伝統に則って世界を南北に7つの気候帯に区分し，さらに東西に10に区分した結果，それらは70の小地図から成り立っている。ドイツのラーベンスブルクに生まれた碩学コンラッド・ミラー

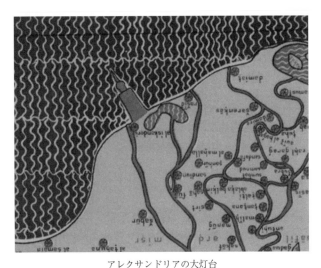

アレクサンドリアの大灯台

出典：Library of Congress, "Weltkarte des Idrisi vom Jahr 1154 n. Ch., Charta Rogeriana".

（1844年生-1933年没）が，1927年にこれらをつなぎ合わせたうえで，アラビア文字で書かれた地名をラテン文字へ転写したものが，今日ではよく知られている。

　イドリースィーの世界地図を見てまず気づくことは，南北が逆に描かれている点とアラビア半島が地図の中央に配置されている点であろう。これは，アラビア半島西部に位置するイスラームの聖地メッカを人びとが暮らす場所より上方に描くように配慮された結果であるといわれる。さらには，アフリカ大陸の南端が東の方へ延びており，中国や東南アジアと近接することになっている。これらは，イドリースィーに限らないイスラーム世界で描かれた他の地図にも見られるもので，当時ひろく受け入れられていた世界観を継承しているのである。

　現在のわれわれの知識と照らし合わせれば世界の形状こそ歪なものの，イドリースィーの時代の最新の情報がこの地図には書き込まれている。例えばケニア南東部に位置するマリンディが，この地図と地理書に歴史上はじめて登場する。このことから，遅くとも12世紀中頃までには，その後のインド洋交易で栄えることとなる港町マリンディが建設されていたと推測されるのである。

　さらに目をこらして地図を見ると，エジプトの港町アレクサンドリアに，ぽつねんと，なにやら人工物がそびえていることがわかる。これは，世界の七不

思議とも言われた，紀元前3世紀に完成したアレクサンドリアの大灯台を描いたものである。全高120メートルにも及んだアレクサンドリアの大灯台は，1183年に同地を訪れたイブン・ジュバイルによって詳しく記録されており，それによれば最上階には神の恩寵を受けることができるモスクが用意されていたとある。大灯台はその後，1323年の地震によって完全に崩壊するまで，およそ1600年にわたって地中海を照らし続けた。このような人工物が世界地図のなかに描き込まれることは稀であり，アレクサンドリアの大灯台が当時の世界でいかに際立ったものであったのかを今日に伝える。

　イドリースィーの世界地図を含む地理書は，その後，イスラーム世界の各地で複写された。ヨーロッパでもたびたび参照され，ルネサンスや大航海時代に影響を与えることとなった。

　地図と地理書を完成させた後のイドリースィーの足取りについて，詳しいことはわかっていない。1165年頃に故郷のセウタあるいはシチリア島で亡くなったことを，ある文献が簡潔に語るのみである。

終　章

ブローデルの『地中海』とともに

ドゥブロヴニクの旧市街の城壁と船着き場

「アドリア海の真珠」とも呼ばれるドゥブロヴニクは，16世紀の地中海世界における一大商業中心地であった。1936年の冬に同地を訪れたブローデルは，そこで眠る史料の豊富さに感嘆し，「ドゥブロヴニクの見事な古文書には，（中略）要するに地中海全体が含まれている。もしあのときドゥブロヴニクに行っていなかったら，あのあとどうしたかはわからない」（デックス　2003：149）と，後に述懐している。

本書を締めくくるにあたって，遅まきながら，地中海を全体としてとらえる歴史像を提示した，フランスの歴史学者フェルナン・ブローデル（1902年生-1985年没）の話をしておきたい。「私は地中海をこよなく愛した」ではじまるブローデルの名著『フェリペ2世時代の地中海と地中海世界』は，日本では一般に『地中海』の名称で知られている。その主題は，フェリペ2世の治世期（1556-1598年）に生じたレパントの海戦などの出来事へ至る地中海の歴史を，長期の地理的な時間と中期の社会的な時間，そして短期の個人の時間という3つの異なる時間性へ分解し，それらを同時にとらえながら叙述することで，長期にわたって一体性をもった複合的な主体として地中海世界を理解するところにあった。地中海に関する膨大な古文書に加えて地理学者や植物学者などによる論文や報告書を参照し，陸地にある国境で区切られた国ごとの歴史ではなく，古代から16世紀後半へ至る地中海全体の歴史を描き出したブローデルの仕事は，当時（初版の序文は1946年に，大幅に改訂された第二版の序文は1963年に，それぞれ書かれている），きわめて画期的なものであった（澤井 2007；ブローデル 2004 I：15-28；V：184-195）。

　ブローデルは16世紀後半の出来事を1つの歴史的事実として説明するのではなく，地中海とその周辺部を1つの歴史的世界としてとらえたうえで，3つの時間の層＝3部構成を用いて描き出した。ほとんど動かない長期の環境史，緩慢なリズムを持つ中期の社会・経済史，そして短期の出来事の歴史である。このような長期と中期の時間の流れを前提として，16世紀後半の短期の50年間がはじめて説明される。20世紀はじめまでの事件史を中心とした歴史観を打ち破って，ブローデルは環境や社会・経済の歴史という大きな流れのうえに表出する出来事として戦争や人物を説明した（浜名 2000：196-197）。

　第I部で扱うほとんど動かない長期の環境史は，「人間を取り囲む環境と人間との関係の歴史」「ゆっくりと流れゆっくりと変化し，しばしば回帰が繰り返され，絶えず循環しているような歴史」である（ブローデル 2004 I）。ここでは，地中海とその周辺の自然環境が，人間とのかかわりのうえで丁寧に説明される。山地や高原，平野，そこを舞台に暮らす人びとの生活のサイクルを説

明した後，海辺に至り，地中海や沿岸部，そして島々の状況を描いていく。さらには地中海の範囲を拡大し，地中海南部に広がるサハラ砂漠と地中海北部に広がるヨーロッパを貿易の状況に着目しながら叙述し，大航海時代以降にヨーロッパの人々が進出していくことになる大西洋をも射程に収める。地中海周縁部がおよそ均質な気候を持っており季節の移り変わりによって人びとの移動に変化が生じること，そして以上のような自然環境の普遍的な規則性が交通路や航海，さらには都市の成立に影響を与えていることを，説明するのである。このようにして，地中海という舞台が明らかにされる。

　第Ⅱ部では，緩慢なリズムを持つ中期の社会・経済史を説明する（ブローデル 2004Ⅱ；Ⅲ）。ここでは，自然環境よりも変化しやすいものの，しかし数十年を生きる人間には認識しにくい，中期の時間における，社会や経済の変化の様子が説明される。すなわち，金や銀の流入による物価の上昇などの景気の動向や，東南アジアからもたらされる胡椒や地中海産の小麦貿易の盛衰，ユダヤ人共同体などの人間集団や領主やブルジョワ階級と呼ばれる人々の動き，当時の諸政権の状況が，1つ1つ検討される。地中海世界は，60日間で行き来できる範囲で生活に必要なすべてを供給できる自己充足した世界であって，1つの「経済＝世界」をつくりあげていたと説明される（ブローデル 2004Ⅱ：67）。この世界では，平和的であると同時に好戦的なさまざまな文明が，変動性と安定性をもって相互に重なり合って存在し続けた（ブローデル 2004Ⅲ：170）。

　第Ⅲ部は，より狭い時間枠における出来事の歴史である（ブローデル 2004Ⅳ；Ⅴ）。1550-1598年の約50年間を対象とし，個々の人間が体験できる次元での歴史を説明する。16世紀半ば以降の，スペイン帝国やオスマン帝国を中心とした地中海における軍事的衝突や和約，神聖同盟によって結ばれた諸国とオスマン帝国が衝突するレパントの海戦という地中海のクライマックスを，丁寧に分析していった。長期的な時間や中期的な時間の潮によって表層に生じるこれら出来事は，ちりのようなものであり，一瞬の微光のように歴史を横断するものである（ブローデル 2004Ⅳ：11）。ブローデルは，第Ⅰ部や第Ⅱ部で描いた構造や徐々に変化する歴史を前提として，歴史を証言する個々の出来事が出現

しているととらえた。

　こうした三層の時間が相互に関係しあうなかで，地中海とその周辺部は，地中海世界として１つの世界を形成する。ブローデルによれば，「文明の十字路に立つ地中海世界，異文化が混じり合う地中海世界は我々の記憶のなかでは，自然の景観の点でも人間的景観の点でもまとまった一つのイメージとして，すべてのものが混じり合い，そこから再び独特の統一体に構成されてゆく一つの組織体としての姿を保っている」（浜名 2000：187-188）のである。このようにしてブローデルは，国家や地域の出来事の歴史を時系列に沿って束ねたものを世界史と呼ぶというそれまでの考え方から脱却して，地中海世界を１つの全体として描き出したのである。

　ブローデルが行った分析の枠組みは，地中海に限らない地域を対象とするその後の歴史家たちの仕事に大きな影響を与えた（羽田 2011：142；家島 2006：1-7）。たとえばアンソニー・リード（1939年生-）は，『交易の時代における東南アジア』（原題 *Southeast Asia in the Age of Commerce 1450-1680*）において，およそ15世紀半ばからの300年間にわたる東南アジアの全体史を，国際交易の発展とそれによって強化される東南アジア全体の一体性，そしてその解体に着目し，複数の時間軸が重なるところに描き出した（Reid 1988-1993）。

　またキルティ・チョウドリー（1934年生-）は，ブローデルの考え方をインド洋へ適用し，イスラームの勃興以降18世紀に至るまでのインドやインド洋における交易史を，『インド洋の交易と文明』（原題 *Trade and Civilisation in the Indian Ocean, An Economic History from the Rise of Islam to 1750*）のなかで叙述した（Chaudhuri 2010）。さらに家島彦一（1939年生-）は，「インド洋海域世界」と「地中海世界」が連続して機能する「大海域世界」を想定し，旧世界全体において13-14世紀の段階ですでにさまざまな交流ネットワークが展開している様子を描き出した（家島 2006）。高校世界史の教科書にも掲載されているイマニュエル・ウォーラーステイン（1930年生-2019年没）の『近代世界システム』で唱えられた「世界システム論」や，ジャネット・アブー・ルゴド（1928年生-2013年没）の『ヨーロッパ覇権以前』で示された「13世紀世界システム」も

また，世界を全体として取り扱うという点において，この系譜に連なる（ウォ
ーラーステイン 2013；アブー・ルゴド 2001）。

　以上の流れを受けて，さらに近年では，グローバル・ヒストリーが展開され
ている（羽田 2011, 2018；羽田編 2017）。グローバル・ヒストリーとは，その
用語が指し示す範囲や方法論についてはいまだ議論が続いているが，過去の世
界を現在の国家や地域などに区分したうえでそれらの総体を世界史として理解
するのではなく，過去の世界を1つの全体としてみてその特徴を描き出すとい
うものである。

　旧来の世界史では，国家や国民の存在を前提として日本人の歴史やフランス
人の歴史などが説明されていた。そこでは自己と他者の違いが強調されると同
時に，ヨーロッパ中心史観が色濃く受け継がれている。そうした世界史の存在
に取ってかわるものではないが，グローバル・ヒストリーは，世界を区分して
理解するのではなく，地球全体の歴史を構想し，長い時間の流れのなかに現代
の世界を位置づけようとしている。

　もっとも，ブローデルによる地中海像に対する批判も見られる。例えば，ブ
ローデルの『地中海』においては当時の史料の制約上，オスマン帝国が果たし
た役割や，黒海やアゾフ海，紅海やペルシア湾と地中海の関わりを十分に検討
することができていない点や（第5章参照），世界規模で見た場合に周辺地域と
密接に交流していた地中海をあえてとり出すことにどのような意味があるのか
といった点（工藤 2017：185）が問題視される。あるいは，ブローデルはその
広大な構想にも関わらず，イベリア半島と南フランス，イタリア半島という南
欧の三社会，すなわち西ヨーロッパのキリスト教世界の南半分の分析を中心と
している，という指摘もある（鈴木 2000：43-44）。

　海とその周辺部を1つの世界とみなす考え方自体にも，その限界が指摘され
ている。前述のように，ブローデルが見出した「海域世界」の概念は，大西洋
海域世界やインド洋海域世界などの語をもってして，世界の他の地域にも適用
されるようになった。これによって国民国家の領域を超えた広大な地域を対象
とした歴史理解が進んだが，同時に，海域という閉じられた空間を新たにつく

りだすことになったにすぎないのではないか，という批判が存在する。これに
対してはそれぞれの海域世界が示す空間の範囲を地理的な境界で限定するので
はなく，ジャンク船が使用される空間やキリスト教が禁止された空間など多様
な仮想空間を想定し，複数のそうした空間が層を成す総体を「海域世界」と理
解するという考え方も提示されている（羽田 2011：143-147）。また，ブローデ
ルが論じた地中海という空間における自然条件の一体性あるいは同質性を否定
して，むしろ多種多様な環境条件とそれによって生じる生存リスクがゆえに
人々が緻密なネットワークを求めてきたところに，地中海の特徴を見出そうと
する議論も見られる（工藤 2017：186-188）。このように，いまやブローデルの
地中海の概念に対してはそれを乗り越えようとする新しい動きや種々の批判が
見られるが，これらをもって，歴史の理解の仕方に関するさまざまな議論を巻
き起こしたブローデルの功績が薄まることはない。

＊　＊　＊

　本書は入門書であるとはいえ，こうしたブローデルの流れを継ぐものでもあ
る。ブローデルが特に16世紀後半に焦点をあてたのに対して，本書ではおよそ
それ以前の地中海を取り扱っている。また，ブローデルの『地中海』に欠けて
いたオスマン帝国の影響や（第5章参照）エジプトや紅海とのつながり（第6
章参照）を描くことで，わずかではあるものの『地中海』に補足をおこなうか
たちとなった。本書で学んだ内容やそこから派生して自分で学習した事柄を，
決して狭い視野に陥ることなく，地中海という舞台との関連のうえで，あるい
はより広い世界とのつながりのなかで考えてみると，往時の歴史をより生き生
きと想像することができるようになる。先にあげたブローデルに対する批判を
もとに地中海という枠組み自体を自分なりに再考したり，あるいは他地域との
連環を調べたりしても面白いだろう。
　さらには，地中海に実際に触れることもお勧めしたい。ブローデルは歴史史
料を求めて地中海周辺部の古文書館などをくまなく探索したが，『地中海』を
執筆することとなった契機として，①アルジェリアに歴史の教師として滞在し

て地中海を対岸から見たこと，②ドゥブロヴニク（イタリア語名：ラグーザ）にて16世紀のラグーザ共和国の海上保険などに関する古文書を発見したこと，③ブラジルのサンパウロ大学へ赴任して多くの史料を撮影するとともに帰国する船で歴史家リュシアン・フェーヴル（1878年生-1956年没）と乗り合わせて知己を得たことが知られている（デックス 2003：79-158；浜名 2000：20-21）。そのなかでも，1936年の冬，ドゥブロヴニクを訪れたブローデルの様子を，後にブローデル夫人は以下のように述懐している。

　　私たちは昔の造船所の跡にできた，港に直接通じる大きなカフェにいました。その日，港には何もありませんでした。その港に大きな船が厳かに入ってくるのを見ました。大量の薪を不安定な形で積んでいました。夫は私に言いました。「ごらん。僕たちは16世紀にいるんだよ。」（デックス 2003：150；浜名 2000：237-238。一部修正を加えた）

　ブローデルは，歴史史料にどこまでも沈潜すると同時に，地中海の各地を実際に訪れ，ついには地中海を1つの世界としてとらえるに至った。そこでは，文献をただ読むばかりではなく，世界を体で感じることの重要性がはからずも説明されている。そのように考えれば，ブローデルよろしく，本書を片手に地中海を旅するのも，また大変に楽しいことではないだろうか。

　「書を捨てず地中海へ出よう」。読者の皆さんが中世の地中海の歴史のなかへさらに深く潜っていくきっかけに本書がなれば，うれしい限りである。

参考文献

アブー・ルゴド，J.L.，佐藤次高他訳『ヨーロッパ覇権以前——もうひとつの世界システム』全2巻，岩波書店，2005-2006年（初版2001年，原著1991年）。

ウォーラーステイン，I.，川北稔訳『近代世界システム』全4巻，名古屋大学出版会，2013年（原著1974年）。

工藤晶人「地中海史の見取り図」羽田正編『グローバル・ヒストリーの可能性』山川出版社，2017年，182-196頁。

澤井一彰「家島彦一著『海域から見た歴史——インド洋と地中海を結ぶ交流史』」『史学雑誌』116-8，2007年，68-78頁。

鈴木董「ブローデルの『地中海』と「イスラムの海」としての地中海の視点」川勝平太編『海から見た歴史——ブローデル『地中海』を読む』藤原書店，2000年（1996年），33-67頁。

デックス，P.，浜名優美訳『ブローデル伝』藤原書店，2003年（原著1995年）。

羽田正『新しい世界史へ——地球市民のための構想』岩波書店，2011年。

————『グローバル化と世界史』東京大学出版会，2018年。

————編『グローバル・ヒストリーの可能性』山川出版社，2017年。

浜名優美『ブローデル『地中海』入門』藤原書店，2000年。

ブローデル，F.，浜名優美訳『地中海〈普及版〉』全5巻，藤原書店，2004年（原著1964年第2版）。

家島彦一『海域から見た歴史——インド洋と地中海を結ぶ交流史』名古屋大学出版会，2006年。

Chaudhuri, K. N., *Trade and Civilisation in the Indian Ocean: An Economic History from the Rise of Islam to 1750*, Cambridge: Cambridge University Press, 2010 (1985).

Reid, A., *Southeast Asia in the Age of Commerce, 1450-1680*, Yale: Yale University Press, 2 vols., 1988-1993.

人名索引

事項・地名索引

206

209

執筆者紹介 <small>(執筆順, ＊は編者)</small>

＊馬場多聞 （ばば・たもん）はじめに，第6章，終章
2015年　九州大学大学院人文科学府博士後期課程修了。博士（文学，九州大学）。
現　在　立命館大学文学部准教授。
主　著　『宮廷食材・ネットワーク・王権──イエメン・ラスール朝と13世紀の世界』九州大学出版会，
　　　　2017年。
　　　　「13世紀のアデン港課税品目録における東アフリカの輸出品」『立命館史学』40，2020年。

＊小林功 （こばやし・いさお）序章，第1章，第2章
1997年　京都大学大学院文学研究科博士後期課程修了。博士（文学，京都大学）。
現　在　立命館大学文学部教授。
主　著　『生まれくる文明と対峙すること──7世紀地中海世界の新たな歴史像』ミネルヴァ書房，
　　　　2020年。
　　　　『ビザンツ──交流と共生の千年帝国』（共著）昭和堂，2013年。

高田良太 （たかだ・りょうた）第3章
2008年　京都大学大学院文学研究科博士後期課程指導認定退学。
2011年　博士（文学，京都大学）。
現　在　駒澤大学文学部准教授。
主　著　『イタリア都市社会史入門──12世紀から16世紀まで』（共著）昭和堂，2008年。
　　　　『ビザンツ──驚くべき中世帝国』（共訳書）白水社，2010年。
　　　　「中世クレタにおける見えないフロンティア──都市カンディアの共生社会」『駒沢史学』84，
　　　　2015年。

阿部俊大 （あべ・としひろ）第4章
2009年　東京大学大学院人文社会系研究科博士課程単位取得退学。
2010年　博士（文学，東京大学）。
現　在　同志社大学文学部教授。
主　著　『レコンキスタと国家形成──アラゴン連合王国における王権と教会』九州大学出版会，2016年。
　　　　「中世イベリア半島におけるイスラーム教徒・異教徒の奴隷」『歴史評論』846，2020年。
　　　　「中世イベリア半島における貨幣制度の展開──イスラーム貨幣の影響を中心に」
　　　　『スペイン史研究』34，2020年。

澤井一彰 （さわい・かずあき）第5章
2007年　東京大学大学院人文社会系研究科博士課程修了。
2010年　博士（文学，東京大学）。
現　在　関西大学文学部教授。
主　著　『オスマン朝の食糧危機と穀物供給──16世紀後半の東地中海世界』山川出版社，2015年。
　　　　『伝統ヨーロッパとその周辺の市場の歴史』（共著）清文堂，2010年。
　　　　『オスマン帝国史の諸相』（共著）東京大学東洋文化研究所，2012年。

地中海世界の中世史

2021年3月31日　初版第1刷発行	検印廃止
2021年7月30日　初版第2刷発行	

定価はカバーに
表示しています

編著者	小 林　　　功
	馬 場　多 聞
発行者	杉 田　啓 三
印刷者	田 中　雅 博

発行所　株式会社　ミネルヴァ書房

607-8494　京都市山科区日ノ岡堤谷町1
電話代表　（075）581-5191番
振替口座　01020-0-8076番

ⓒ小林・馬場ほか, 2021　　　　創栄図書印刷・藤沢製本

ISBN978-4-623-08979-6
Printed in Japan